"잘 할 수 있다면
더욱 연구하여 세계
최고가 되자"

_____   님의 소중한 미래를 위해
                          이 책을 드립니다.

장에 관계없이 수익을 더하라!

해외선물 실전투자

주식보다 쉬운 해외선물

강현수 지음

뱅크북

추천서

"해외선물시장은 용의 머리, 미국시장은 용의 허리, 한국시장은 용의 꼬리"라는 필자의 함축된 표현에서 30년 실전내공과 통찰력을 느끼게 한다.

환율, 금리, 유가, 금 등의 가격흐름은 언제나 글로벌 경제의 핫 이슈가 되고 각국의 통화정책과 재정정책의 기본바탕이 되는 실물경제 지표이기도 하다.

세계 경제가 한 몸이 되어 유기적으로 움직이는 요즘 본서가 세계경제를 한 발 앞서 예단하고 투자의 맥을 짚을 수 있는 하나의 나침반이 되리라 보여진다.

특히 강현수 소장은 교보증권에서 주최한 해외선물 실계좌 실전투자대회에서 불패왕 상패를 수상한 실전에 의한 실전고수라는 점에서 많은 투자자들에게 실질적으로 큰 도움이 될 것으로 확신한다.

아무쪼록 필자의 메시지가 안개속 같은 세계경제의 흐름을 파악하고 실물투자의 길잡이 역할을 할 것으로 기대를 하며 본서가 해외선물은 물론 주식투자자에게도 많은 도움이 될 것으로 단언 하며 추천하는 바이다.

국회의원(현)
행정자치부장관(전) **김 두 관**
경남도지사(전)

머리말

세계적인 프로 트레이더는 왜 해외선물에 투자하나?

우리가 살아가는데 여러 가지 투자 상품이 있는데, 투자의 목적이 수익을 내기 위해서 하는 작업이고 이왕이면 고부가가치를 올리는 것이 좋고 가능하다면 단 시간 안에 많은 수익을 올리면 더 좋을 것이다. 주식보다 변동폭이 훨씬 크고 거래시간(23시간 매매)도 길며 주식처럼 한 방향 매매가 아닌 상승 하락 양 방향 수익이 가능하기 때문에 실력 있는 프로 트레이더는 단 시간에 큰 수익을 올릴 수 있는 매력 있는 상품이 해외선물이다. 국내선물은 1계약 증거금이 약 3000만원인데 반하여 해외선물은 1계약 증거금은 40만원 부터 매매가 가능하다는 장점이 있다고 말 할 수 있으며, 국내선물은 1개의 상품밖에 존재하지 않지만 해외선물은 70여개의 다양한 상품이 있기 때문에 내 마음에 드는 상품을 선택해서 매매 할 수 있는 장점이 있다고 말 할 수 있겠다.그리고 미국 CME(국내 모든 증권사 거래 가능)에서 거래되는 해외선물은 국내 증권사에서 거래되는 자금 규모의 약 1만배 정도의 수준으로 유동성이 아주 풍부하며, 적은 돈으로 메이저들의 시세 조작에 쉽게 노출되는 국내시장과는 차원이 다르며 굳이 비교를 하자면, 국내 주식시장은 마이너 시장 해외선물시장은 메이저 시장이라고 쉽게 비교해서 말할 수 있겠다. 실력과 내공을 겸비한 투자자라면 달러도 벌고 자신의 생활도 윤택해지는 실전 프로트레이더라는 새로운 직업을 얻을 수도 있겠다.

해외선물이 이런 장점이 많은데도 불구하고 과연 해외선물 투자로 만족 할 만한 수익을 꾸준히 올리는 사람이 몇 퍼센트나 될까?

투자의 시장에서 성공한 투자자로 살아 남기 위해서는 전쟁에 임하는 병사의 마음으로 철저한 준비와 다양한 실전 경험이 꼭 필요하다고 하겠다. 그런데 훈련과 학습이 되어 있지 않고 자기만의 특별한 투자 노하우 없이 탐욕과 욕심이 가득한 마인드를 가지고 요행을 바라며 투자의 시장에 뛰어든다면 반드시 그 결과는 좋지 않게 나타 날 것이다. 프로는 토너먼트가 아닌 리그전이다. 결국 실력과 내공을 겸비한 프로만이 살아 남고 성공 한다. 개인 투자자들의 투자 실패의 트라우마를 치유하고 수익의 터닝 포인트를 발견하고 나아가 실전 프로투자자로 새롭게 태어날 수 있으며 외화를 벌어 들이므로 국가 경제에 보탬이 될 뿐만아니라, 대한민국의 GDP가 높아지는 의미 있는 선순환의 고리가 이어지길 바라면서 본서를 집필 하게 되었다.

필자가 집필에 중점을 둔 내용은 투자자의 내공 키우기, 실전매매에서 반드시 알아야 할 기술적 분석, 실전매매기법, 기본적인 분석, 해외선물의 이해, 상품의 특징, Q&A 등을 바탕으로 남의 도움이 없이 자신이 직접 홀로 서서 수익을 낼 수 있는 내용으로 꾸미려고 노력했으며 본서 하나로 해외선물의 이론 및 실전매매에 적용되는 핵심 노하우를 모두 이해 했으면 하는 바람이 강하다.

30년 실전 경험을 바탕으로 수많은 실전매매와 실전강의 방송출연 등을 하면서 간절히 바라는 하나의 꿈은 젊은이에게는 새로운 일자리의 하나인 프로 트레이더라는 멋진 직업을, 노년층에게는 노후 대책에 많은 도움이 된다면 필자의 영혼이 참으로 행복 하겠다. 끝으로 한가지 당부하고자 하는 말은 꾸준히 노력하라는 말이다. 초 절정의 긍정의 마인드를 가지고 부족한 1%를 필자와 함께 채워 나가신다면 반드시 실전 프로트레이더가 되리라 확신 한다.

본서가 나오기까지 아낌 없이 도움을 주신 도서출판 뱅크북 사장님과 직원분들께 이 자리를 빌어 감사를 드린다.

아울러 항상 든든한 기둥이 되어주는 사랑하는 아들과 희생과 봉사로 묵묵히 응원해 주는 아내에게 이 책을 바친다.

실전 프로 **강현수**

차 례

2 기술적 분석

3 매매 기법

4 기본적 분석

5 해외선물 알기

6 Q&A 무엇이든 물어보세요 199

내공 키우기

꾸준히 노력하라
차트를 볼 줄 알아야 한다
탐욕을 버려라
정보를 무시하라
손절매를 잘하라
자신만의 수익모델을 가져라
예측하지 말라
놀이하듯이 즐겨라
분석, 알고 난 후 잊어버려라

1 꾸준히 노력하라

강현수어록

해외선물은 용의 머리.
미국 시장은 용의 허리.
한국 시장은 용의 꼬리.

　세상의 모든 일이 그러하듯이 해외선물 투자에도 매매의 개념과 투자의 이치를 알아야 성공 할 수 있다. 세상의 모든 일이 공짜가 없듯이 금융시장에 투자를 해서 꾸준히 수익을 올리기 위해서도 마찬가지라고 말 할 수 있겠다. 많은 시간과 정열을 투자하여 올바른 방법으로 최선을 다하는 사람에게만 꼭 그 가능성을 열어주는 것이 투자시장이다. 한두번 어쩌다가 수익을 내거나 운이 좋은 사람은 일시적으로 짜릿한 대박의 수익을 만끽 할 수도 있겠지만 기본적인 실력이 뒷받침 되지 못한 그 수익은 얼마 못 가서 햇빛에 눈 녹듯 사라지고 말 것이며, 우연의 큰 수익은 반드시 큰 손실로 귀결될 수밖에 없다는 것이 이 투자 세계의 철칙이다. 그와 반대로 철저하게 탄탄한 기본기가 다져진 준비된 투자자는 꾸준히 수익을 내며 영원히 생존하며 투자수익을 꾸준히 즐길 수 있을 것이다. 성공한 투자자가 되기 위해서는 우리나라의 정치, 경제, 사회, 문화의 현실적인 감각을 가지고 있음은 물론이고 미국, 중국, 유럽, 일본, 아시아 등 국외의 글로벌 경제 상황 등도 지속적인 관심이 필요하다. 그리고 투자하고자 하는 각 상품에 대해서 분석 등도 꿰고 있어야 함은 투자자의 기본덕목이다. 그러므로 투자의 세계에서 살아남기 위해서는 집중된 꾸준한 노력을 기울이는 진지한 자세가 필요하다. 그래야만 성공한 금융투자자로 자리매김을 할 수 있을 것이라고 단연코 말하고 싶다. 초절정의 긍정의 마인드로 부족한 1%씩을 매순간 채워나간다 생각하라. 시장과 내가 하나 되는 열정의 마인드로 서두르지 않고 쉬지도 않으며 연구해 나간다면 반드시 투자세계에서 성공하는 실전 프로트레이더가 될 수 있다.

실전 Tip

매신 : 메이저 세력, 큰 손
    시장을 선도하는 주도 세력을 통칭하여 매매의 신 즉 매신이라
    말한다.

2 차트를 볼 줄 알아야 한다

우리가 병원에 가면 환자들의 병력을 자세하게 기록해 둔 차트를 볼 수 있는데, 의사는 이 차트를 보고 그 환자를 치료하게 된다. 그런데 만약 이 차트가 없다면 과연 효과적인 환자 치료가 가능하겠는가? 그리고 또 바다의 거친 파도를 가르며 항해 중인 배의 선장이 바다의 지도인 해도를 볼 줄 모른다면 이 배가 과연 무사히 목적한 항구에 도착 할 수 있을까?

금융투자, 해외선물, 주식에 있어서도 마찬가지로 어떤 해외선물 상품이 어떤 성격을 가지고 어떻게 움직였는지 알고 있다고 한다면, 어느 정도 그 가격의 미래를 예측하는데 많은 도움을 받을 수 있을 것이다.

해외선물 차트에서는 캔들, 거래량, 이동평균선, 가격의 고가, 저가, 상승 하락패턴, 상승 하락추세 등 그 종목의 대략적인 정보가 가격의 흐름에 따라 차트 속에서 살아 숨쉬고 있다.

강현수 어록

하수는 운으로 먹고, 고수는 실력으로 먹는다.

16

그래서 투자를 하지 않겠다고 하면 몰라도 해외선물 투자를 할 사람은 반드시 차트를 보는 방법을 알고 있어야 한다. 미국의 스미스 부인, 독일의 메클레, 일본의 와타나베부인, 아프리카의 쿤타킨테, 한국의 영희와 철수, 외환딜러 등 해외선물 모든 매매자가 모두다 차트를 보며 실전매매를 하고 있는 실정이다. 그래서 해외선물에는 차트가 매우 중요하다.

강현수어록

프로트레이드는 철학이 있어야 한다.

실전 투자자들이 차트를 보면서 체크를 해봐야 할 부분은 대체적으로 다음과 같다.

이동평균선의 정배열, 역배열, 이동평균선의 이격정도, 골든크로스, 데드크로스, 이동평균선의 각도, 거래량의 변화, 일봉, 주봉, 월봉상태, 캔들의 길이, 패턴분석, 추세분석, 고점징후, 저점징후 등을 분석해야 한다. 필자가 나름대로 본서에 가능하면 차트에 대해 자세한 설명 덧붙이려고 노력하기 때문에 본서를 여러 번 읽으면서 차트를 보는 방법을 하나 하나 익혀나간다면 그리 어렵지 않게 차트 보는 방법을 깨우칠 수 있을 것이다.

차트 속에는 삼라만상의 모든 현상들이 다 녹아 있다고 해도 과언이 아닐 것이다. 차트를 얼마나 정확하고 정교하게 분석 할 수 있는 능력이 있느냐에 따라서 차트를 보는 관점이 달라지게 된다.

3 탐욕을 버려라

투자자들이 금융상품에 투자를 함에 있어서 성공보다 실패 쪽에 더 많이 치우쳐 있는 데이터가 나오는 원인은 다른 여러 가지 원인도 있겠지만 그 중 가장 큰 원인은 지나친 욕심 때문이라고 단언할 수 있다. 이는 필자의 30년 투자의 경험을 통해 내린 결론이다.

금융시장에서 투자자가 매매 할 수 있는 금융상품은 너무나 다양하고 많은 상품이 있기 때문에 가능하면 자신이 정한 원칙에 입각해 서두르지 말고 느긋한 마음으로 나의 원칙에 부합한 신호가 발생 될 때만 매매에 진입을 하여야만 성공투자의 짜릿함을 맛 볼 수 있다.

장사도 싸게 사서 비싸게 팔아야 고 부가가치를 올릴 수 있지 않겠는가? 실패한 투자자들은 가격이 오르면 더 오를 것 같은 착각을 하여 추격매수를 하고 그것도 부족해서 무리한 탐

강현수어록

장의 포로가 되지 말고, 장을 놀이터로 만들어라.

욕스러운 투자를 하는 것을 많이 볼 수 있는데, 풀베팅으로 추격매수를 하고 나면 그 자리가 꼭지가 되고 하락하기 시작하는 경우가 대부분이라는 것을 실전투자 경험이 있으신 분들은 공감 할 것이다.

그래서 투자에 임하는 투자자의 마음가짐은 차분하면서도 유연해야 하고 항상 마음을 비우는 자세가 매우 중요하며 시장의 유혹을 뒤로 하고 자신만의 원칙에 맞는 매매 맥점까지 인내하는 마인드가 성공투자를 부른다고 말 할 수 있다.

그러므로 가슴 속에서 용솟음치는 욕심, 그 욕심을 줄여야 성공하는 투자자가 될 수 있다고 강조하고 싶다.

투자에 있어서 탐욕을 자제하는 마인드가 가장 큰 탐욕이다. 필자는 아무리 강조해도 이 말은 지나치지가 않다고 힘주어 말하고 싶다.

강현수어록

꿈이 있는 투자자는 늙지 않는다. 다만 실전 내공이 쌓일 뿐이다.

4 정보를 무시하라

강현수어록

금융을 알아야 미래의
부가 보인다.

전쟁터와 같은 금융시장은 외국인, 기관, 외환딜러, 그리고
개미군단에 속하는 개인투자자들의 치열한 생존게임이다.

이 생존게임에서 살아남기 위해서는 각종 정보에 관심을
기울이게 되는데, 개인투자자들이 아무리 국외방송을 열심히
시청하고, 신문을 꼼꼼히 보고, 인터넷 등을 통해서 국내외 중
요 정보를 얻는다고 해도 거래자금 맨파워로 구성된 외국인
과 기관을 앞 설 수는 없는 것이 현실이다.

금융시장은 돈이 오고 가는 냉정한 전쟁터이다 보니 개인이
정말 도움이 되는 정보를 가지고 포지션을 진입 했을 때는 이
미 그 정보를 미리 알고 미리 선점한 외국인, 기관투자자 이른
바 메이저 세력들이 개인투자자들에게 그 물량을 떠 넘기고
빠져나가 버려 개인투자자들이 손실을 떠 안게 되는 것이 과
거와 현재 똑같이 반복되고 있는 금융시장의 큰 흐름이다.

그러므로 개인투자자들이 알게 된 정보는 이미 모든 사람들이 다 알고 있다고 보면 틀림이 없다.

예컨대 각국의 통화정책을 미리 감지한 메이저 세력들이 좋은 정보를 먼저 알고 저가에 포지션을 진입하여 고가에 팔아서 이익을 챙겨야 하는데 과연 누구에게 팔아 넘길까? 외계인에게 팔 수 있을까? 답은 너무나 쉽게 나온다.

뒤 늦게 좋은 정보를 얻었다며 착각하고 불나방처럼 뛰어드는 개인투자자에게 포지션을 떠넘겨서 자신들의 이익을 챙기려 하게 될 것이다.

그러므로 우리 개인투자자들이 아는 정보는 이미 정보로서의 그 가치가 상실된 휴지와 같은 것이다. 그래서 필자는 개인투자자가 성공하기 위해서는 차라리 정보를 무시하고 가격을 보고 가격만 믿고 실전투자를 행하라고 강조하고 싶다. 즉 보이는 것만 믿고 따르라는 말을 하고 싶다. 보이는 것만 믿고 투자를 해도 충분히 수익을 얻을 수 있다.

강현수어록

매매를 할 때는 이길 수밖에 없는 매매를 하라.

5 손절매를 잘하라

강현수 어록

투자는 처음부터 끝까지
마음의 게임이다.

우리가 사업을 할 때 어떻게 하나? 손실이 나고 영업적자가 계속되면 더 큰 손해를 보지 않기 위해서는 폐업을 단행하게 된다. 그렇게 폐업을 하게 되면 새로운 사업을 펼쳐서 멋지게 성공 할 수도 있다. 그런데 만약 성공 확률이 적은 사업을 끝까지 고집하고 아집으로 밀고 나간다면 종국에는 부도가 나고 쪽박을 차게 될 것이다. 투자세계에서도 마찬가지다. 매수한 상품이 생각과 같이 움직이지 않는다면 빨리 청산하여 현금화 시켜야 한다. 현금화가 좋은 이유는 큰 손실을 줄일 수 있을 뿐만 아니라 다른 좋은 상품을 매수하여 수익을 낼 수 있는 기회를 주기 때문이다. 그리고 적당한 손실을 인정하고 손절매를 잘한 경우에는 치명적인 손실을 생각하며 밤잠을 설치는 일도 없다. 대다수 개인투자자들이 큰 손실을 보게 되는 경우는 손절매를 하지 않아서 큰 손해를 보는 경우가 대부분이다. 가격이 자기가 정한 기준이하로 떨어질 때 가볍게 팔아 줄 수 있는 자세가 되어 있고, 손절매 실천을 잘 하면 투자실력이 중수정도의 수준이 된다고 말 할 수 있다. 물론 손절매를 잘 하는 것도 자신만의 명확한 비책이 있을 때 자연스럽게 손이 나갈 것이다. 손절매의 종류는 시간의 손절매, 심리의 손절매, 분석의 손절매, 손익의 손절매 등으로 나눌 수 있는데 자신에게 맞는 손절매 방법을 선택하는 것이야 말로 성공투자 비책의 1원칙이라고 말 할 수 있겠다. 맥점에 진입하고 손절매하는 반복된 작업이 실전매매의 핵심이다.

강현수어록

투자의 세계에서 주인이 될래? 머슴이 될래?

6 자신만의 수익모델을 가져라

금융시장에서 꾸준히 수익을 내며 생존하기 위해서는 자신만의 실전비책을 가지고 있어야 한다.

우리가 TV에서 사극 드라마를 보더라도 거기에 등장하는 장수들이 자기만의 주특기를 가지고 있는 것을 볼 수 있다. 예컨대 어떤 장수는 도끼를 잘 쓰고, 어떤 장수는 칼, 또 어떤 장수는 쇠방망이를 타의 추종을 불허하듯이 잘 쓴다.

전쟁터와 같은 금융시장에서 살아남기 위해서는 개인투자자들도 자신만의 주특기 매매방법, 즉 확실한 실전비책을 가지고 있을 필요가 있다.

어느날 투자결과가 좋았다면, 어떻게 매매를 해서 수익을 얻었는지를 자신이 되돌아 봐야 한다. 물론 필자가 이 책을 쓸 때 실전매매에 초점을 맞춘 것도 실전매매 비책의 중요성을 아무리 강조해도 지나치지 않다는 생각 때문이다.

강현수어록

시세에 이유를 달지 말라. 가는 말이 잘 간다.

성공한 투자자가 되기 위해서는 자신 있게 수익을 낼 수 있는 자신만의 비장의 무기, 자신만의 투자노하우가 확보 될 때 금융시장이라는 살벌한 전쟁터에서 영원히 생존 할 수가 있는 것이다.

즉, 자신만의 비책을 만들 때 그 비책은 간단 명료하고 승률이 높아야 한다. 그 간단 명료하고 승률이 높은 매매방법을 반복 실천 하는 것이 실전 프로트레이더의 길이다.

강현수 어록

마음의 평안보다 더 행복한 것은 없다.

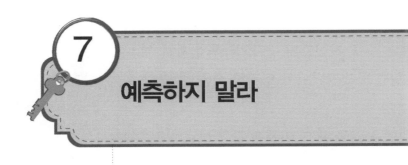

7 예측하지 말라

내일의 가격을 아는 사람이 이 세상에 존재할까?

내일의 가격을 정확히 맞힐 수 있는 사람은 이 세상에 존재하지 않는다. 내일의 가격을 알 수 있다고 말하면 그 사람은 거짓말쟁이 아니면 사기꾼이라는 말도 있다.

흔히 하는 말로 가격의 움직임은 귀신도 모른다. 그래서 우리 투자자들의 마음가짐은 항상 장이 가는 대로 유연함을 가지고 따라 다닌다는 마인드가 필요하다.

실전매매시 자기가 정한 기준에 맞으면 사고, 사고난후 반대로 하락을 하면 그냥 팔아버리면 된다. 장이 가는대로 같이 리듬을 타라는 말이다. 장의 리듬에 따르라는 말은 결국 추세에 순응하라는 말이며 장에 맞서지 말라는 뜻이고 장 앞에서 겸손하라는 큰 뜻이 있다.

시장을 예측하지 말고 가는 대로 따라가며 손절매를 잘 하

강현수어록

수익을 기대하기 어렵다면 움직이지 않는 것이 옳다.

라는 말이다. 마치 물이 위에서 아래로 흐르듯이 말이다.

시장은 항상 옳고 위대하다. 그래서 생존하고 싶으면 무리한 매매를 자제하고 시장의 파도에 내 몸을 맡겨야 한다. 즉 실전프로란 장을 예측하기보다 추세를 따르는 것임을 명심해야겠다.

시장은 왕이요 황제요 모든 것을 관장하는 신이다. 시장을 따라야만 성공 할 수 있는 것이 실전프로 트레이더의 숙명이다.

강현수어록

투자는 세상에서 가장 큰 사업이다.

놀이 하듯이 즐겨라

투자를 하면서 놀이 하듯이 즐겁게 할 수 있다면 얼마나 좋을까

과거 축구경기 때 브라질과 독일이 축구 빅매치를 벌였는데, 축구해설자가 이런 말을 하는 것을 들었다. 독일 선수들은 일하듯이 축구하는데 브라질 축구선수들은 즐기듯이 축구를 한다.

이 말은 시사하는 바가 크다. 무슨 일이든지 일로 생각하고 억지로 하기 보다는 그 일 자체를 놀이하듯 즐기며 즐겁게 하는 것이 훨씬 효과적이고 그 결과 또한 좋을 수밖에 없다.

그렇다면 우리 개인 투자자들이 즐거운 마음으로 즐기며 금융투자를 잘하기 위해서는 어떻게 해야 할까?

해답은 간단하다. 승률이 높은 매매의 시나리오를 가지고 반복된 매매를 하라는 것이다. 내가 어떤 상품을 얼마에 매수

강현수 어록

실패했다면 반드시 실패의 이유를 알아야 한다.

28

해서 얼마까지 오르면 매도를 하고 내가 산 가격에서 얼마 떨어지면 조금 손실을 감수하고 손절매를 한다는 기준을 정하고 매매에 임하며, 그 기준이 오면 가볍게 매수 매도의 엔터키를 누르면 된다. 마치 전쟁에 임하는 장군이 어떻게 공격을 해서 적진에 들어가며 적들을 어떻게 공략하고, 계획대로 잘 되지 않을땐 어떤 방법으로 후퇴를 한다는 계획을 가지고 전투에 임하는 것과 같다고 하겠다.

이와 같이 마음의 준비가 잘 되어 있을 때 즐겁고 재미있는 게임을 하듯이 즐기며 해외선물 투자를 할 수 있을 것이며 그 결과 또한 좋게 나타나는 것이다. 열심히 하는 사람보다 즐기는 사람이 쉽게 성공 할 수 있다는 것은 세상의 평범한 이치이다.

강현수 어록

영혼이 평안하고 해피한 매매를 하자.

9

분석, 알고 난 후 잊어버려라

바둑에서 "정석을 알고 난 후 잊어버려라" 라는 말이 있다. 투자의 세계에서도 이 말은 그대로 적용이 된다고 필자는 말하고 싶다.

분석은 거시적으로 기본적 분석과 기술적 분석이 있는데 이 두 가지 분석 방법을 알고 난 후 그 분석법에 얽매이지 않는 유연함을 갖추라는 의미에서 분석방법을 알고 잊어버리라는 메시지를 전하고 싶다.

분석방법에 너무 집착하고 확신을 가지고 맹신을 하다보면 유연성의 결핍이 오기 시작한다.

실전매매 장에서 유연성이 가장 중요한데, 그 이유는 유연성을 가진 투자자는 결코 이 시장에서 퇴출되지 않기 때문이다.

직선으로 날아가는 총의 실탄은 멀리가지 못하지만 곡선으

강현수어록

항상 최악에 대비하라.

로 날아가는 포탄은 아주 멀리까지 날아갈 수 있다.

이런 말도 있지 않은가 '강하면 부러진다' 그래서 장에 순응하는 유연함을 가지기 위해서는 자신의 판단이나 분석보다 장의 거시적인 큰 흐름에 내 몸을 싣는 유연한 마인드가 필요하다. 이런 마인드야말로 영원한 생존 비책일 것이다.

강현수어록

승부할 때와 쉬어갈 때를 택하라.

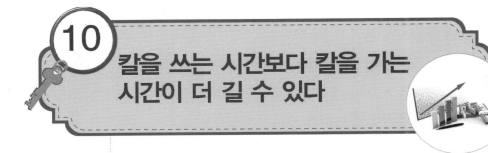

10 칼을 쓰는 시간보다 칼을 가는 시간이 더 길 수 있다

우리 인간의 생의 주기를 살펴보면 엄마의 뱃속에서 출생을 한 이후 초등학교·중학교·고등학교·대학교 등의 육체적·정신적 성장과정을 거친 후 비로소 사회에 진출하여 직업이라는 생업을 갖게 된다.

의식주 해결은 물론이고 자아실현이라는 자긍심을 느끼기 위해서 대부분의 청춘시절을 직업을 갖기 위한 준비과정에 거의 모든 시간을 투자하는 것이 현실이다.

그런데 투자의 세계에서 확실한 자기만의 수익모델을 가지고 꾸준히 수익을 내는 전업투자자로 성공하기 위해서는 이 땅의 투자자들이 얼마나 많은 시간과 열정, 노력을 투자 공부에 할애하는지 한 번 물어보고 싶다.

투자의 세계는 권투경기나 역도경기처럼 급수가 있는 것도 아니요 초보 투자자나 수십 년 투자의 세계에서 산전수전 다

맛본 베테랑 투자자와 기관, 외국인이나 모두 똑같은 조건하에서 진검승부를 펼치게 된다. 솔직히 말해서 불공정한 게임이 펼쳐지는 시장이 바로 이 투자의 세계라고 말할 수 있겠다.

그래서 이론 공부, 실전공부, 모의투자, 실전투자 수순으로 철저한 학습단계를 거친 후에 투자의 세계에 조심스럽게 발을 들여 놓아야 한다. 그래야 성공투자의 꿈을 이룰 수 있을 것이다.

장의 실전진입은 제일 먼저 자금계획을 세우고, 그 다음 거시적인 장을 파악한 이후에, 내가 단기 매매를 할 것인지 중기 매매를 할 것인지 장기매매를 할 건지를 정한 후에, 나만의 수익비책을 가지고 비로소 실전투자에 임하는 자세야말로 투자의 냉혹한 세계에서 성공할 수 있는 지름길이 될 수 있을 것이다.

서두르지 말고 쉬지 않는 자세로, 칼을 가는 시간이 칼을 쓰는 시간보다 더 길더라도 결코 서두르지 않는 심법 관리를 잘하는 사람만이 실전 프로트레이더라는 평생 직업을 가질 수 있을 것이다.

강현수 어록

매매 성공하려면 시장의
덫에 걸리지 마라.

왜 투자를 합니까? 왜 매매를 합니까? 돈을 벌기위해서 매매를 합니다. 그래요 맞습니다. 가장 현실적인 대답이고 가식 없는 솔직한 답변이지요. 그러면 제가 한 가지 여쭤보겠습니다. 세상에서 가장 빠른 것이 무엇입니까? 여러분은 이 물음에 무엇이라 답하셨나요? 저는 세상에서 가장 빠른 것은 돈이라고 생각합니다. 세상에서 가장 빠른 것이 돈이기 때문에 우리 인간들이 돈을 쫓아서 돈을 잡을 수가 없는 것입니다. 그렇다면 어떻게 해야 돈을 잡을 수 있나요? 저는 이렇게 생각합니다. 내가 나만의 투자비책을 가지고 간절함과 내공을 바탕으로 올바른 방법으로 트레이딩을 꾸준히 해 나가다보면 세상에서 제일 빠른 돈이 나도 모르게 아주 빨리 섬광같이 내 옆에 다가와 나를 향해 미소를 짓고 있을 것입니다. 여러분이 돈을 쫓지 말고 돈이 자발적으로 알아서 나의 품으로 들어오게 하는 좋은 트레이딩 습관을 나의 백조의 세포에 아로 새길 때 돈이 내 곁에 머무는 행운을 맛보게 될 것입니다.

강현수어록

미끼를 아까워 하는 사람은 절대로 고기를 낚을 수 없다.

기술적 분석

해외선물의 기술적 분석이란 세계경제 및 기타 다른 요인들을 모두 배제하고 가격의 과거 형태에 대한 수학적, 통계적, 확률적, 시계열적인 분석을 통하여 공통된 변화패턴을 조합해서 그 데이터에 근거해서 향후 가격의 변화와 그 추세를 예측하는 방법이라 말 할 수 있겠다.

기술적 분석의 장점은 계량화 하기 어려운 다양한 요인까지도 가격흐름에 영향을 미치기 때문에 기본적 분석만으로는 미래의 가격을 예단하는데 한계가 있는데, 기술적 분석은 이와 같은 기본적 분석의 한계를 보완할 수 있다

또 기본적 분석 방법으로는 매매시점을 찾기가 어려우나 기술적 분석은 어떤 정보가 있을 때 즉각적으로 가격의 변화 움직임과 가격 변화의 방향을 예측할 수 있다는 장점이 있다.

기술적 분석의 단점으로는 과거의 추세나 패턴이 반복하는 경향이 있다는 전제조건 하에서 미래에도 반복해서 같은 현상이 나타난다는 가정하에 하는 분석방법이기 때문에 변칙적인 가격 흐름에는 대처가 용이하지 않다는 점을 들 수 있다.

강현수어록

매매는 도 닦는 일.

실전 Tip

해외선물거래를 함에 있어서 기술적 분석 이용도가 압도적임.

차트는 미국식과 일본식이 있는데 보통 우리나라에서는 일본에서 미곡 가격 동향을 파악하기 위해서 사용했던 일본식이 널리 사용되고 있다. 차트의 내용을 구성하고 있는 하나 하나의 봉의 의미는 시가, 고가, 저가, 종가를 한눈에 파악하는 데 있고, 그 기간에 따라서 일봉, 주봉, 월봉, 년봉으로 나누어지는데 특정 상품의 가격 흐름을 파악하는데 많은 도움을 주며 기술적 분석을 하는데 있어서 중요한 기본 자료가 된다.

강현수어록

승부할 때와 쉬어갈 때를 구분하라.

(1) 용어설명

- 시 가 : 동시호가 후 장이 시작될 때 결정되는 당일 처음 형성된 가격
- 고 가 : 하루 중 가장 높았던 가격
- 저 가 : 하루 중 가장 낮았던 가격
- 종 가 : 하루 매매가 종료된 최종가격
- 양 봉 : 시초가 보다 종가가 높게 끝났을 때 빨간 막대로 나타냄
- 음 봉 : 종가가 시초보다 낮게 끝났을 때 파란 막대로 나타냄

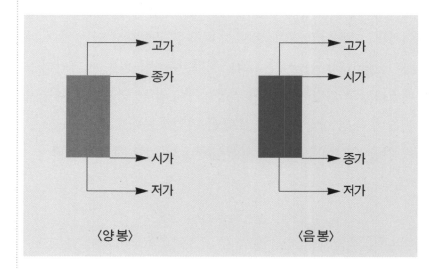

양단봉

양단봉은 시가보다 약 1~2%정도 상승하여 장이 마감했을 때 만들어지는데, 매도 세력보다는 매수 세력이 강하지만 그 힘은 미약하다고 보며 매신의 개입 흔적은 없다고 볼 수 있겠다.

음단봉

음단봉은 시가보다 약 1~2%정도 하락하여 장이 마감했을 때 만들어지는데, 매수자보다는 매도자의 힘이 조금 강하다고 보며 매신의 개입 흔적은 없다고 볼 수 있겠다.

양장대봉

양장대봉은 시가보다 5%정도 이상 상승하여 장이 마감했을 때 만들어지는데, 매도자보다는 매수자의 힘이 아주 강하다고 볼 수가 있으며 이렇게 강하게 밀어 올릴 수 있다는 것은 개인 투자자의 힘이 작용했다고 보기는 어려울 것이다. 매신의 개입여부를 참고해서 주목하며 지켜 볼 필요가 있겠다.

음장대봉

음장대봉은 시가보다 5%정도 이상 하락하여 장이 마감했을 때 만들어지는데, 매수자보다 매도자의 힘이 아주 강하다고 볼 수가 있으며 이렇게 급락 시킬 수 있다는 것은 물량을 많이 가지고 있는 매신의 매도 공략으로 볼 수도 있고, 장중에 돌발 악재가 공시되어 가격이 폭락했다고도 볼 수 있겠다.

강현수어록

매매는 인문학과 기술의 융합.

(2) 봉 차트의 설명

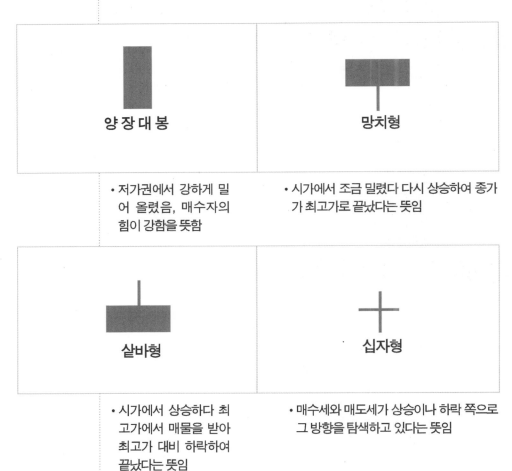

양 장 대 봉

· 저가권에서 강하게 밀어 올렸음, 매수자의 힘이 강함을 뜻함

망치형

· 시가에서 조금 밀렸다 다시 상승하여 종가가 최고가로 끝났다는 뜻임

살바형

· 시가에서 상승하다 최고가에서 매물을 받아 최고가 대비 하락하여 끝났다는 뜻임

십자형

· 매수세와 매도세가 상승이나 하락 쪽으로 그 방향을 탐색하고 있다는 뜻임

강현수어록

나는 바보→시장은 신.

음 장 대 봉

- 종가가 시가보다 하락하며 최저가로 끝났다는 뜻임

교수형

- 종가가 시가보다는 하락하였으나 최저가 보다는 위에서 끝났다는 뜻임

점 형

- 시가, 고가, 저가, 종가가 모두 같다는 뜻임

잠자리형

- 시가와 종가 고가가 같고 아랫꼬리 만큼 가격이 하락하였다가 종가까지 상승하여 끝났다는 뜻임

강현수어록

명분이 있는 자리에서 진입하라.

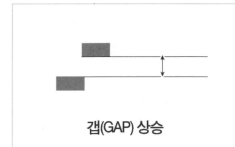

갭(GAP) 상승

시가가 3~5% 이상 급상승 하여 시작했다는 뜻임

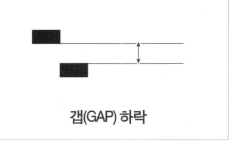

갭(GAP) 하락

시가가 3~5% 이상 급락하여 시작했다는 뜻임

상승장악형

음봉을 양봉으로 완전히 제 압하는 모양인데 바닥에서 상승쪽으로 전환 할 때 많이 출현한다.

하락장악형

가격이 많이 상승한 후 양봉을 음봉이 완전 히 장악하는 모양인데 추가 하락을 예상할 수 있겠다.

강현수어록

수익보다 진실한 것은 없다.

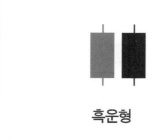

흑운형

둘째날 음봉이 첫째날 양봉 중심지점 이하로 하락하면서 양봉의 저가는 붕괴시키지 않았음

관통형

첫째날보다 낮은 가격에 시작하여 첫째날 중심가격보다 위에서 가격 형성하여 음봉의 고가는 돌파하지 못한 캔들

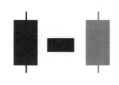

모닝스타

셋째날 양봉이 첫째날 음봉 중심가격 이상으로 상승하므로 상승전환을 암시한다.

이브닝스타

셋째날 음봉이 첫째날 양봉 중심가격 이하로 하락하므로 하락전환을 암시한다.

강현수어록

마음이 편해야 진짜 투자다.

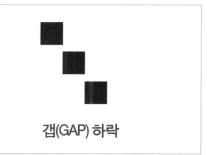

갭(GAP) 상승

갭(GAP) 하락

가격이 하락하다 적삼병 출현 시 상승 추세로 전환되는 경우가 많다.

가격이 상승하다 흑삼병 출현 시 하락 추세로 전환되는 경우가 많다.

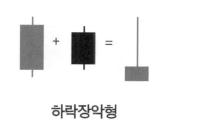

상승장악형

하락장악형

음봉과 양봉이 이틀 연속해서 발생한 경우인데 두 개의 봉을 하나의 음봉으로 합성해서 볼 수도 있다.

긴 양봉 다음날 짧은 음봉이 발생한 경우인데 두 개의 봉을 하나의 양봉으로 합성해서 볼 수도 있다.

강현수어록

실전매매는 간단하고 쉽고 명확해야 한다.

2 그랜빌(J.E Granville)의 투자법

그랜빌은 가격이 이동평균선에서 멀어지면 다시 되돌아서 이동평균선 가까이로 근접하려는 성질과 가격이 이동평균선에 가까워지면 반대 방향으로 또 다시 이동평균선에서 멀어지려는 성질을 이용해서 매매하는 기법을 이야기 하였는데, 가격이나 단기 이동평균선이 장기 이동평균선을 상향 돌파하면 매수 관점에서 접근하고, 그 반대의 경우 매도의 신호로 본다는 이론이다.

강현수 어록

칼날을 잡지 말고 칼의 손잡이를 잡아라.

(1) 그랜빌의 매수신호

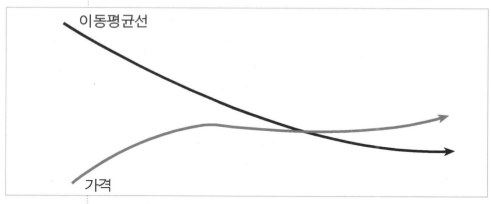

이동평균선

가격

1.매수   가격이 많은 거래량을 수반하며 이동평균선을 상향 돌파 시 매수 신호로 본다.

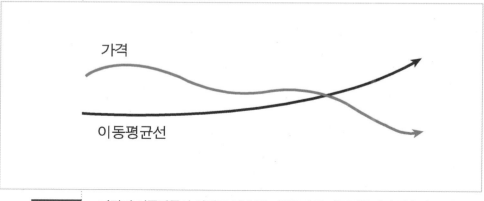

가격

이동평균선

2.매수   가격이 이동평균선 아래로 하락하는 경우라도 이동평균선이 상승하고 있을 때
일시적 조정으로 보고 매수 신호로 본다.

강현수어록

투자는 대박보다 생존이
우선이다.

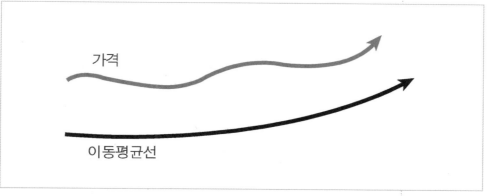

3.매수　이동평균선과 이격을 좁히면서 하락하던 가격이 이동평균선을 깨고 하향돌파를 하지 않고 우상방향으로 머리를 틀며 상승을 시작할 때 매수 신호로 본다.

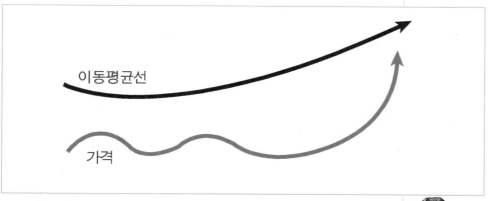

4.매수　가격이 이동평균선과 아주 멀리 떨어져 있을 때는 이동평균선에 회귀하려는 성질이 있는데 최저점에서 상승을 시작하는 시점을 매수 신호로 본다.

강현수어록

미래를 예측할 수 있다고? 꿈 깨라!

(2) 그랜빌의 매도신호

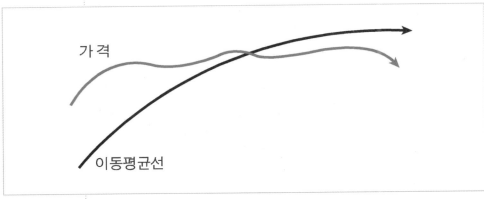

1.매도   가격이 옆으로 횡보하거나 하락중인 이동평균선을 아래로 붕괴시키며 내려올 때는 가격의 약세를 감지하고 매도신호로 본다.

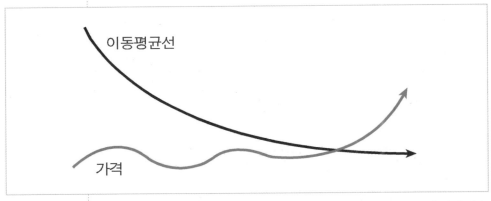

2.매도   가격이 이동평균선을 상향 돌파하더라도 이동평균선이 계속 하락 추세에 있으면 단기 반등으로 보고 매도신호로 본다.

강현수어록

항상 대가를 각오하라.
공짜는 없다.

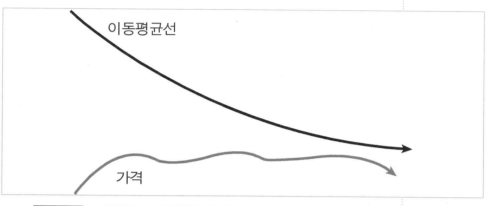

이동평균선

가격

3.매도 하락중인 이동평균선을 가격이 치고 올라가지 못하고 이동평균선의 저항으로 인하여 하락시 매도신호로 본다.

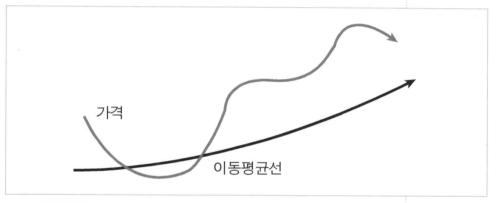

가격

이동평균선

4.매도 이동평균선이 상승중이고 가격이 급등한 경우 그 가격은 이동평균선과의 이격을 좁히려고 하는 성질이 있기 때문에 상승탄력이 둔화 될 수 있다.
그래서 매도신호로 본다.

강현수어록

추세에 순응하라.

3 추세분석

    추세라는 말은 가격이 상승 쪽이든 하락 쪽이든 어느 한 방향으로 움직이는 큰 흐름을 이야기 하는데, 한번 형성된 추세는 상승이든 하락이든 일정기간 유지되는 성질이 있기 때문에 상승 시작 시점에서 매수하여 추세 하락 반전시 매도로 접근하면 되겠다. 추세선은 가격 상승시에는 저점과 저점을 우상향으로 직선으로 연결해서 긋고, 가격 하락시에는 고점과 고점을 우하향으로 연결해서 직선 추세선을 그어서 가격의 흐름을 파악하게 된다.

강현수 어록

시장 앞에 겸손하라.

(1)상승추세

■가격의 저점이 높아진다.

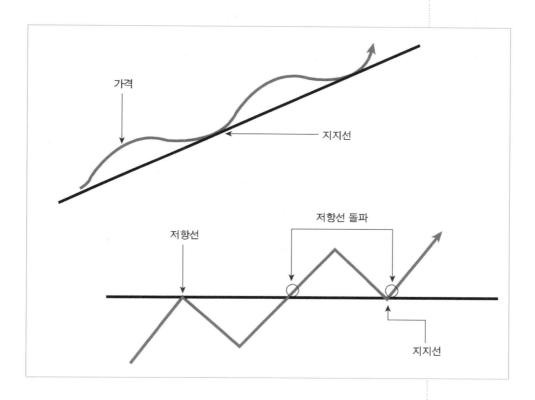

강현수어록

무리한 매매를 삼가해라.

(2) 하락추세

■가격의 고점이 낮아진다.

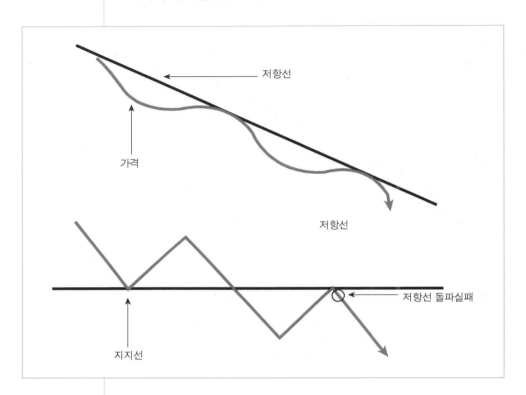

강현수어록

시장을 따라가며 무리하
지 말고 손절매를 잘 하
라.

(3) 횡보추세

■가격의 저점과 고점이 박스권에 있다.

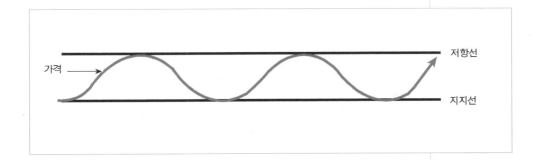

(4) 추세전환

■가격의 저점과 고점을 높이다 하락 방향으로 추세가 전환되는

   경우이다.

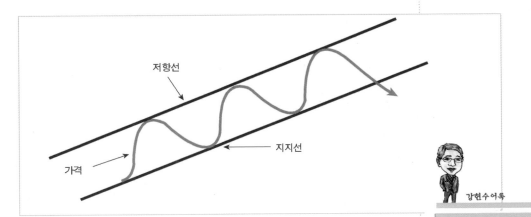

강현수어록

무한한 욕망만 버린다면
수 많은 기회를 잡을 수
있다.

■가격의 저점과 고점이 낮아지다 상승방향으로 추세가 전환되는 경우이다.

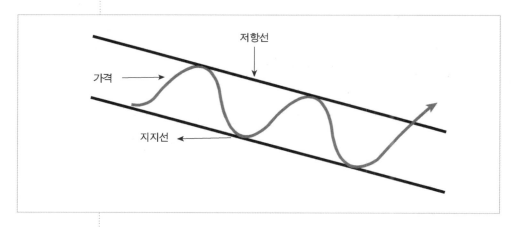

(5) 추세선의 각도

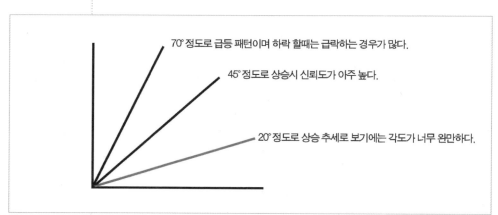

70° 정도로 급등 패턴이며 하락 할때는 급락하는 경우가 많다.

45° 정도로 상승시 신뢰도가 아주 높다.

20° 정도로 상승 추세로 보기에는 각도가 너무 완만하다.

강현수어록

객관적인 판단 기준이 있어야 투자 인생이 바뀐다.

(6) 추세 기울기의 변화

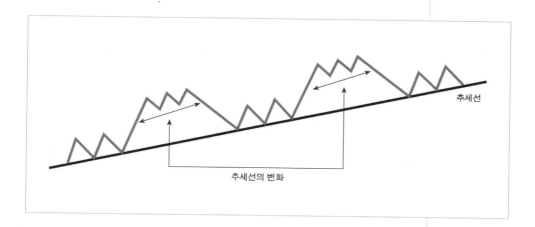

추세선

추세선의 변화

강현수 어록

해외선물의 특이한 생리
를 먼저 알아야 한다.

4

패턴분석

　가격이 상승과 하락을 반복하며 어떤 일정한 형태의 틀 속에서 움직이게 되는 경향이 있는데, 그 일정한 형태를 패턴이라는 이름을 붙여서 가격의 앞날을 쉽게 예측하려는 하나의 기술적 테크닉이라고 볼 수 있겠다.

　사실 가격의 움직임은 과거의 습관을 반복하는 경우가 많기 때문에 패턴분석을 잘 활용한다면 미래의 가격 움직임 예측에 많은 도움이 될 것으로 본다.

　패턴은 지속형 패턴과 반전형 패턴으로 나눈다.

강현수 어록

명확한 원칙, 규칙, 전략,
전술을 가지고 매매에
임하라.

(1)상승깃발형

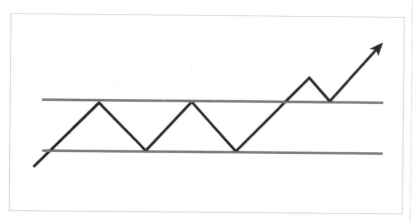

거래량은 줄어야하며 가격 급등점에 자주 발생되는 패턴이다.

(2) 하락깃발형

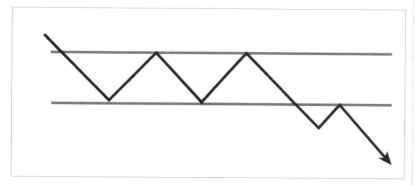

가격 급등 후 급락하다 흔히 발생되는 패턴인데 상승 깃발형 보다는 기간이 짧은 경우가 많다.

강현수 어록

인생은 정답이 없다. 투자도 정답이 없다. 그래서 내 기준이 답이다.

(3) 대칭 삼각형

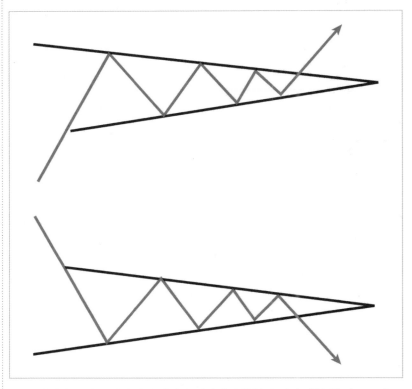

대칭 삼각형은 윗변 저항선과 아랫변 지지선의 균형 속에서 점차 한 점으로 수렴하면서 만들어지는 패턴이다.
가격의 변동폭이 점차 감소하면서 거래량도 줄어드는 것이 보통이다.

강현수 어록

나 자신을 감동시킬 만큼 연구하고, 고민하라.

(4) 상승 삼각형

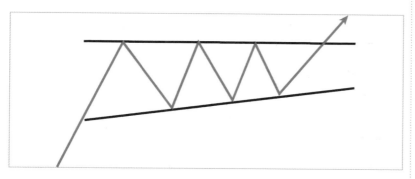

가격 고점은 일정한 선을 유지하는데 저점이 점점 높아진다.
상승을 예상할 수 있겠다.

(5) 하락 삼각형

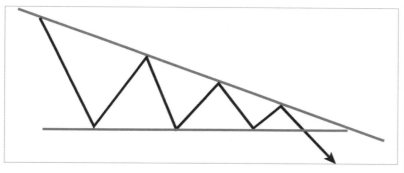

가격의 고점이 점점 낮아지는 모습인데 고가에 매도 물량이 확대된다고 볼
수 있겠다.
가격 하락을 예상 할 수 있겠다.

강현수 어록

오직 실전수익이 답.

(6) 상승 쐐기형

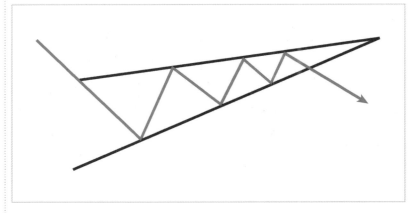

지지선 저항선 모두 우상방향의 기울기를 유지하는데 보통 지지선 붕괴시 거래량은 급증하는 경우가 많다.

(7) 하락 쐐기형

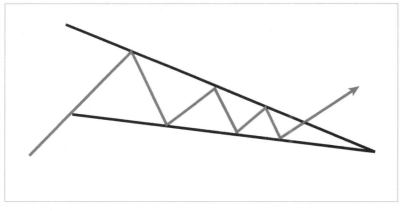

지지선 저항선 모두 우하방의 기울기를 유지하는데 보통 저항선 돌파시 거래량이 급증하는 경우가 많다.

강현수어록

자신의 영역 안에서 승부를 걸어라.

(8) V자형

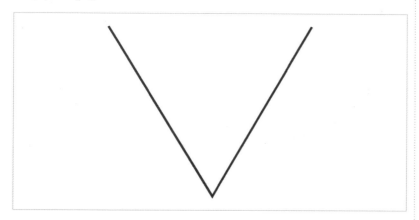

가격 급락 후 급등하는 패턴인데 급등 시 거래량 점증하는 경우가 많다.
V자형은 돌발 악재 발생으로 투매가 발생할 때 흔히 나타나는 패턴이다.

(9) Δ자형

가격 급등 후 급락하는 패턴인데 주로 중요지표 발표때 많이 발생되는 패턴이다.
가격 최고점에서 대량 거래가 발생되는 경우가 많다.

강현수어록

부자는 투자하고 빈자는
소비한다.

(10) 원형 바닥형

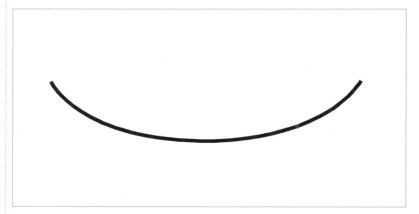

원형 바닥형 패턴은 세력이 장기간 가격을 매집하며 이동평균선 수렴을 시킨 후 급등보다는 꾸준히 가격을 상승시킬 때 많이 나타난다.

(11) 원형 천정형

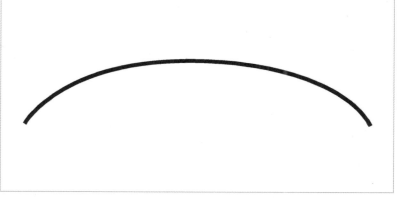

상승할 때 꾸준히 오르고 하락할 때도 꾸준히 내리는 패턴인데, 급등주보다 주로 장기간 매수, 매도 포지션을 취하는 상품에서 많이 나타나는 패턴이라고 볼 수도 있겠다.

(12) W자형

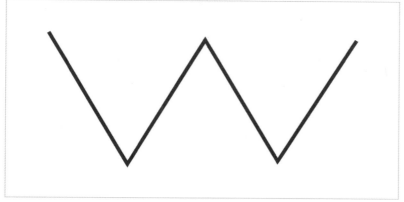

W자형은 저점을 2번 확인하는 모양의 패턴인데, 가격이 하락을 멈추고 상승 쪽으로 전환하려고 하는 경우에 주로 많이 나타나는 패턴이다.
가격 상승 시 거래량 점증하면 더욱 더 신뢰가 높다.

(13) M자형

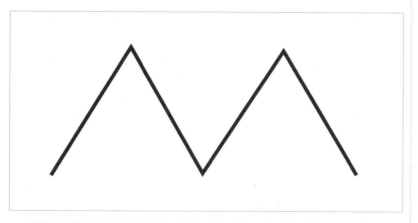

가격이 고점에서 전고점 돌파 실패 시 나타나는 패턴인데 전고점 돌파에 성공하려고 하면 거래량이 증가하여야 한다.

강현수어록

좋은 매매는 좋은 생각에서 나온다.

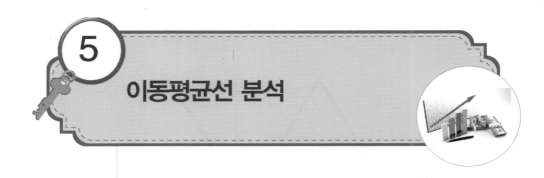

이동평균선 분석

이동평균선에서는 주로 5일선(심리선), 20일선(생명선), 60일선(수급선), 120일선(경기선) 등을 많이 이용하는데 일정한 기간 동안의 가격의 평균을 선으로 나타낸 것이며 전세계적으로 가장 널리 알려진 객관적인 기술적 지표이다.

예컨대 20일 이동평균선이란 말은 20일 동안의 가격 평균을 선으로 연결하여 표현한 것이다.

강현수어록

옥망을 위로하지 말라.

64

(1) 상승장의 이동평균선

상승장에서는 단기 이동평균선이 장기 이동평균선보다 위에 위치한다.

예컨대 이동평균선 60일선 위에 20일선, 20일선 위에 5일선이 차례대로 배열되어 있을 때, 즉 장기 이동평균선보다 단기 이동평균선이 위쪽으로 차례대로 순서 있게 놓여있을 때 상승장의 징후로 볼 수 있겠으며, 이동평균선 정배열 이라고한다.

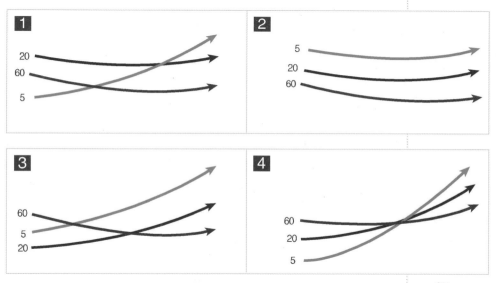

강현수어록

뭔가 잘 되지 않을 땐 복기·생각하며 작전상 후퇴.

(2) 하락장의 이동평균선

하락장에서는 장기이동평균선 아래에 단기 이동평균선이 위치한다.

60일 이동평균선 아래에 20일선, 20일 이동평균선 아래에 5일선이 배열되어 있을 때, 이동평균선 역배열이라고도 하며 가격이 하락 추세에 있다고 하겠다.

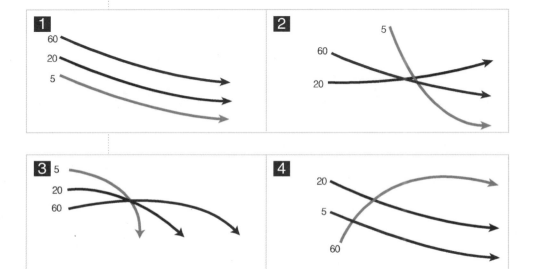

강현수어록

투자의 테이블에는 무서운 수재들이 모두 모인다.

(3) 골든크로스

장기 이동평균선을 단기 이동평균선이 우상향으로 돌파하여 상승할 때 골든크로스라 하며, 가격이 본격적인 상승을 시도하기 위해서는 반드시 거쳐 가야 하는 상승의 길목이다

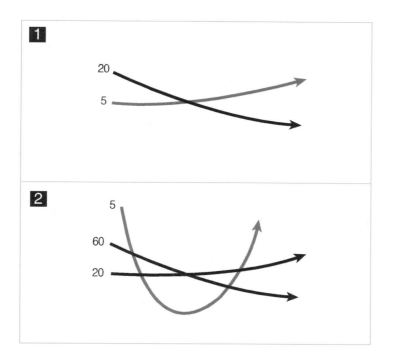

매매 맥점은 시장이 만든다.

(4) 데드크로스

장기 이동평균선을 단기 이동평균선이 붕괴를 시키며 하락할 때 데드크로스라 하고, 가격이 하락으로 방향을 틀 때 반드시 거쳐 가야하는 하락의 길목이다.

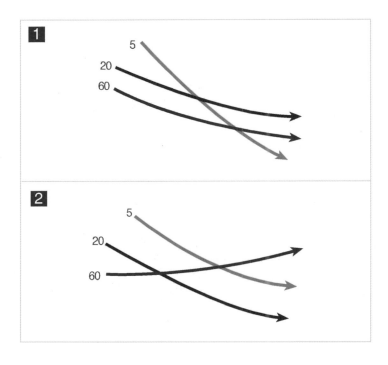

강현수어록

해외선물은 현재 밖에 없다.

(5) 이동평균선의 이격

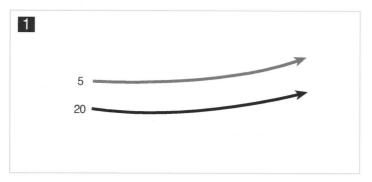

▼위 그림의 경우와 같이 5일선과 20일선의 이격이 좁은 경우는 신뢰도
가 아주 높아서 가격이 20일선을 깨고 하락하는 경우는 그리 많지 않
다.

▼위 그림의 경우와 같이 5일선과 20일선의 이격이 너무 넓은 경우는
가격이 이격을 좁히려는 성질이 있기 때문에 급락하는 경우를 많이
볼 수 있다.

강현수어록

두려워하거나 걱정하거
나 예측하거나 물타기
하지말라.

(6) 좋은 이동평균선

좋은 이동평균선이란 A의 경우보다 B의 경우처럼 5일 이동평균선과 20일 이동평균선이 동시에 우상향으로 상승 전환하는 경우를 말하는데 B의 경우에는 설사 가격이 잠시 하락 하더라도 20일 이동평균선에서 지지를 받고 다시 상승하는 경우가 많은데, A의 경우처럼 20일 이동평균선이 하락하고 있는 경우에는 가격 하락 시 20일 이동평균선이 강하게 지지하지 못하는 경우가 많이 있다.

그래서 A의 경우보다 B의 경우가 훨씬 좋은 이동평균선 배열이라고 말할 수 있겠다.

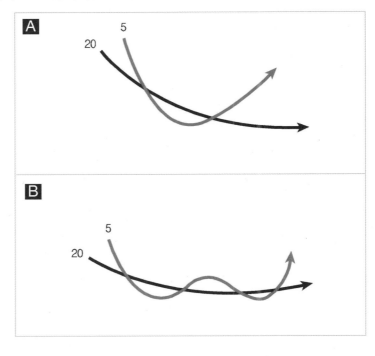

강현수 어록

매매의 시장은 18급과 1단의 승부, 개인은 학살 될수 밖에 없다.

6 거래량 분석

가격은 '거래량의 그림자다' 라는 말이 투자세계에서 불멸의 격언처럼 회자되고 있다.

왜냐하면 거래량 보조지표는 가격의 상승과 하락의 원동력이 되기 때문이다.

거래량의 증가와 함께 가격이 상승하면 상승의 신뢰도가 높고 반대로 거래량의 감소와 함께 가격이 상승하면 상승의 신뢰도가 떨어진다. 또 거래 바닥은 가격 바닥의 신호를 암시하는 경우가 많고 가격의 급등구간 즉, 꼭지 구간에서는 거래량이 지나치게 늘고난 이후에는 가격 급락이 나오는 경우가 많다.

그래서 실전매매에 있어서 거래량과 가격의 흐름을 파악하는 것은 성공투자를 위해서 반드시 필요하다고 말할 수 있겠다.

강현수 어록

투자 시행착오를 겪으면서 성공 가능성을 높여가는 것이다.

가격상승 + 거래량 증가 = 정상

가격조정 + 거래량 감소 = 정상

가격급등 + 거래량 급증 = 경계

가격급락 + 거래량 급증 = 경계

가격조정 + 거래량 감소 = 바닥징후

거래량과 가격의 흐름을 실전 차트 ①~⑤까지 보면서 검토해 보면 실전매매에 많은 도움을 받을 수 있다는 것을 깨닫게 될 것이다.

강현수어록

오늘 행복이 답,
오늘 수익이 답.

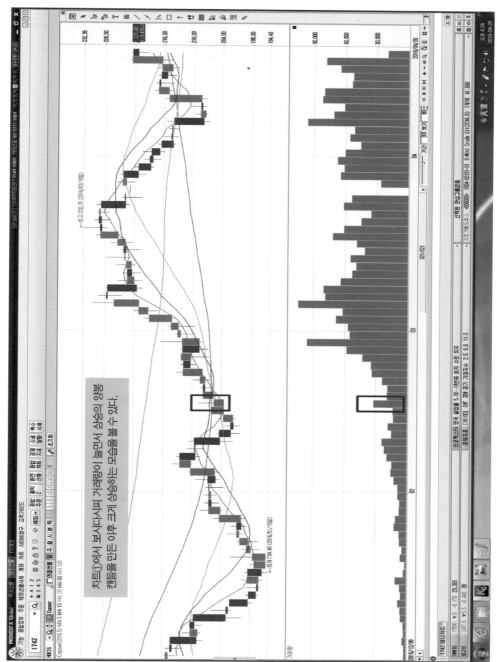

구리 Copper 일봉 (차트①)

차트②에서 보면 거래량이 감소하면서 가격조정의 현상이 나타나
는 모양을 볼 수 있다, 즉 거래량도 가격바닥의 전형적인 차트 모양

에스엔피 500 S&P500 60분 (차트②)

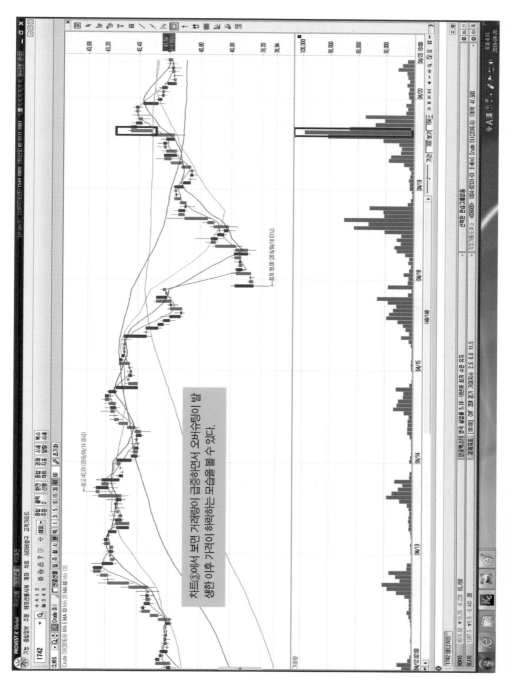

차트③에서 보면 거래량이 급증하면서 오버슈팅이 발생한 이후 기격이 하락하는 모습을 볼 수 있다.

크루드오일 Crude Oil 60분 (차트③)

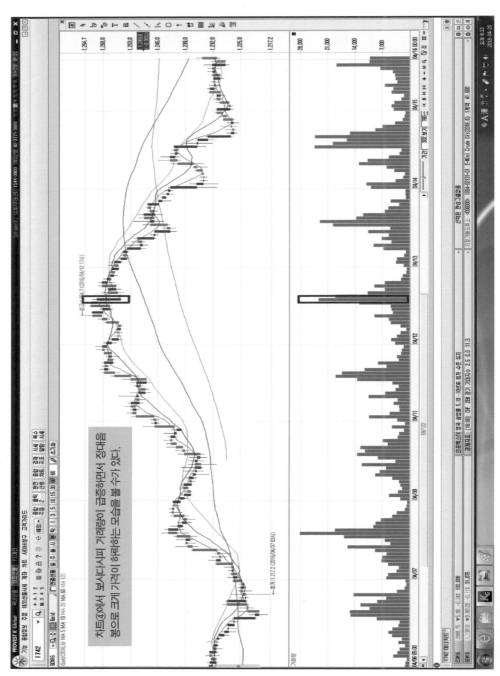

차트④에서 보시다시피 거래량이 급증하면서 장대음
봉으로 크게 가격이 하락하는 모습을 볼 수가 있다.

금 Gold 60분 (차트④)

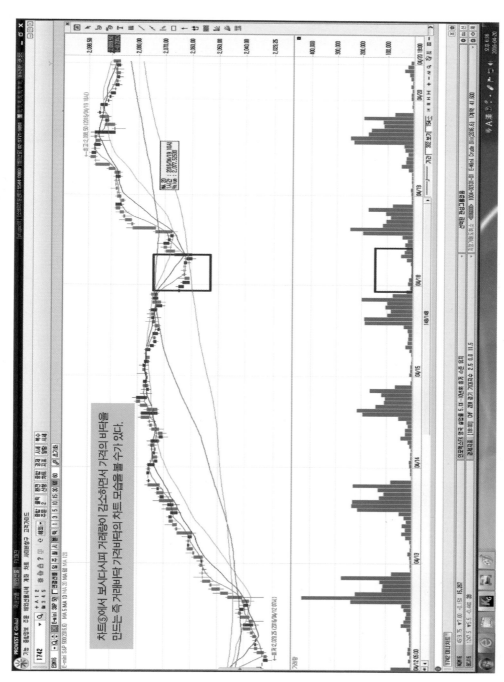

차트⑤에서 보시다시피 거래량이 감소하면서 가격이 거래의 바닥을
만드는 즉 거래바닥 가격바닥의 차트 모습을 볼 수가 있다.

에스앤피 500 S&P500 60분 (차트⑤)

7 고점 맥점

　가격이 하락과 상승을 반복하며 파동과 추세를 만들며 저점 징후를 만든 이후에 상승의 시작 맥점이 나오고 가격이 많이 상승한 이후에는 고점 징후의 맥점이 발생한 이후에 가격 하락이 시작되는 경우가 대부분이다.

　그래서 실전투자를 할 때 고점 징후와 저점 징후를 동물적인 감각으로 느낄 수 있을 정도로 100조의 세포에 각인되어 있어야 실전매매에서 성공할 수 있다고 단언한다.

강현수어록

올인 100%,
결국 아웃 된다.

(1) 고점 · 맥점

1)이동평균선 정비율

2)양봉 3개

3)헤드앤숄드

4)저점 낮은 패턴

5)쌍봉

6)상승 N자 목표치

7)고점 대량 거래

8)데드크로스

9)이동평균선의 하락 턴

고점 맥점을 실전차트 ①~⑨까지 검토해 보면 실전매매에 많은 도움이 될 것이다.

강현수어록

매매의 본질은 지는 것이다.

고점 매점과 실전차트의 흐름을 검토해 보면 실전 변곡점을 찾는데 큰 도움이 될 것이다.

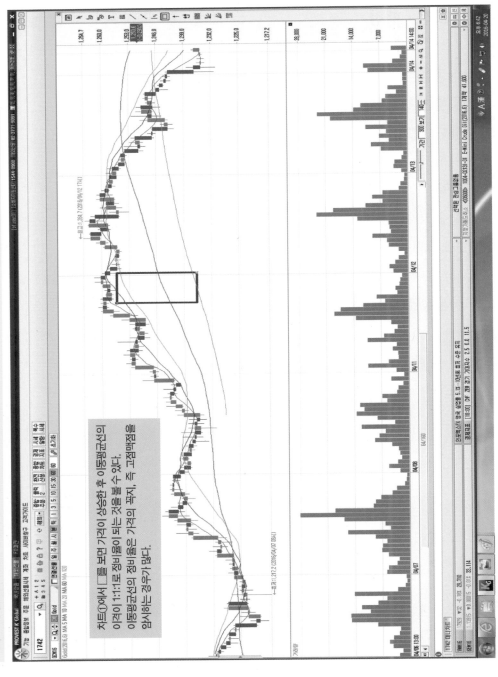

차트①에서 □를 보면 가격이 상승한 후 이동평균선이
이격이 1:1:1로 정배열이 되는 것을 볼 수 있다.
이동평균선의 정배열은 가격이 꺾지, 즉 고점매점을
암시하는 경우가 많다.

금 GoLD 60분 (차트①)

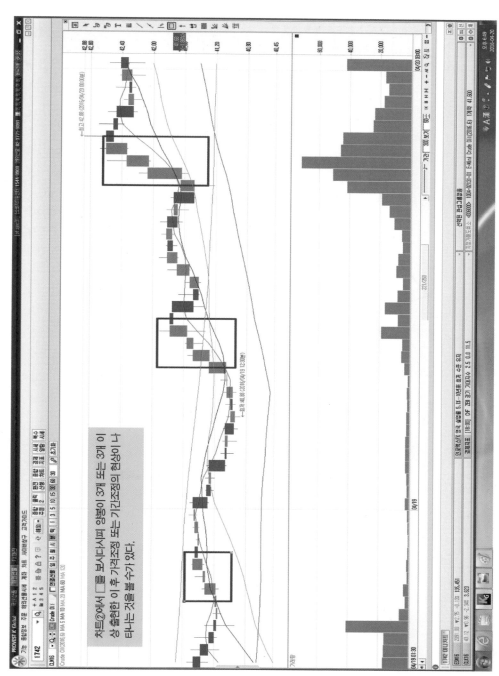

차트②에서 □를 보시다시피 양봉이 3개 또는 3개 이상 출현한 이후 가격조정 또는 기간조정의 현상이 나타나는 것을 볼수가 있다.

크루드오일 Crude Oil 30분(차트②)

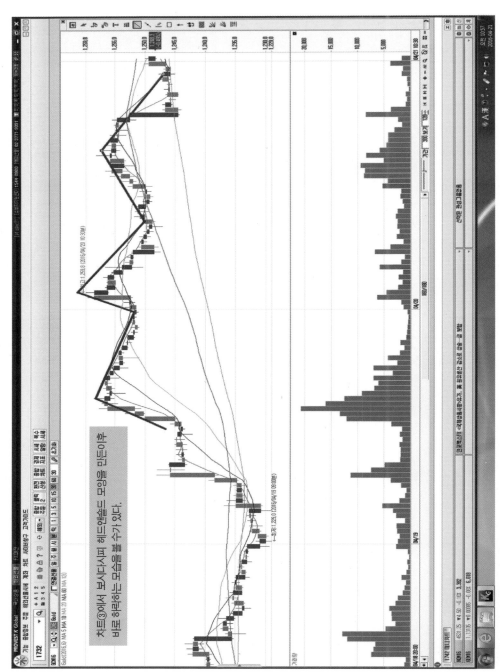

차트③에서 보시다시피 헤드앤숄더 모양을 만든 이후
바로 하락하는 모습을 볼 수가 있다.

금 GoLD 30분 (차트③)

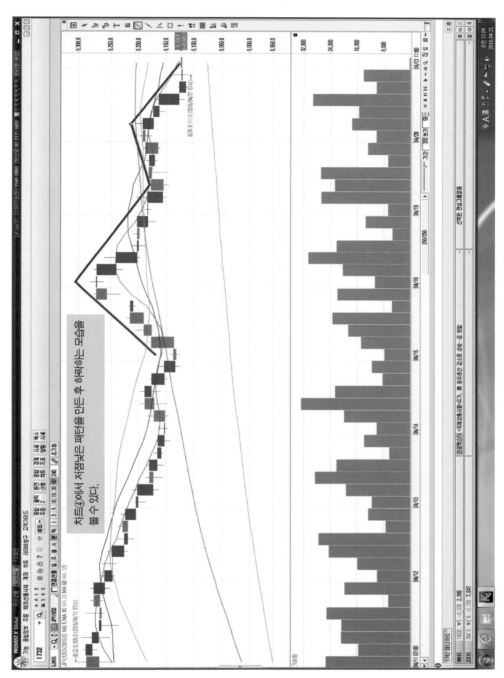

차트④에서 저점낮은 패턴을 만든 후 하락하는 모습을
볼 수 있다.

엔달러 Jpy/usd 240분(차트④)

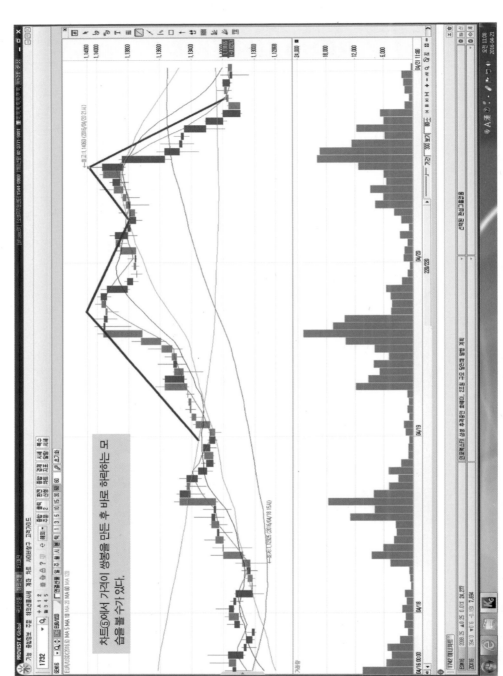

차트⑤에서 가격이 쌍봉을 만든 후 바로 하락하는 모습을 볼 수가 있다.

유로 달러 EUR/USD 60분 (차트⑤)

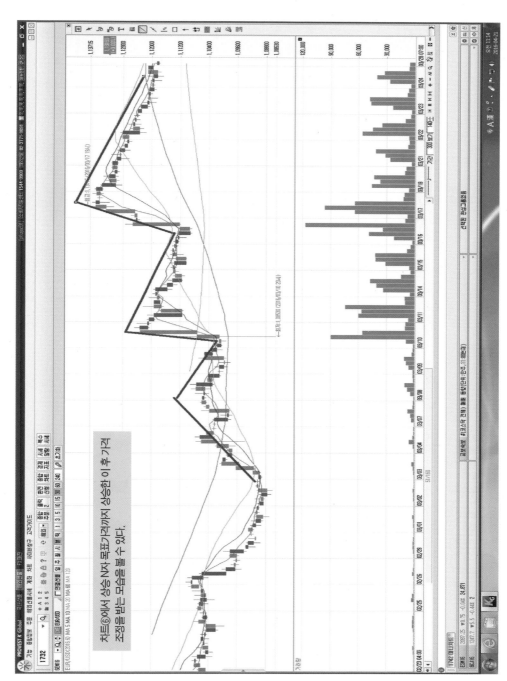

차트⑥에서 상승 N자 목표가격까지 상승한 이후 가격
조정을 받는 모습을 볼 수 있다.

유로 달러 EUR/USD 240분(차트⑥)

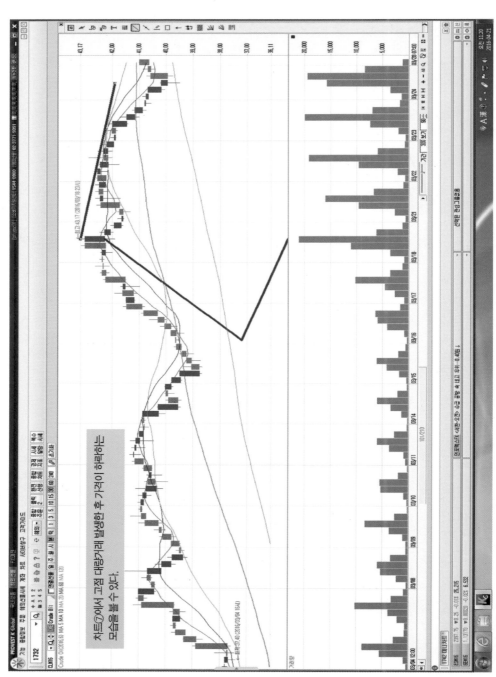

차트⑦에서 고점 대량거래 발생한 후 가격이 하락하다는
모습을 볼 수 있다.

크루드 오일 Crude oil 240분 (차트⑦)

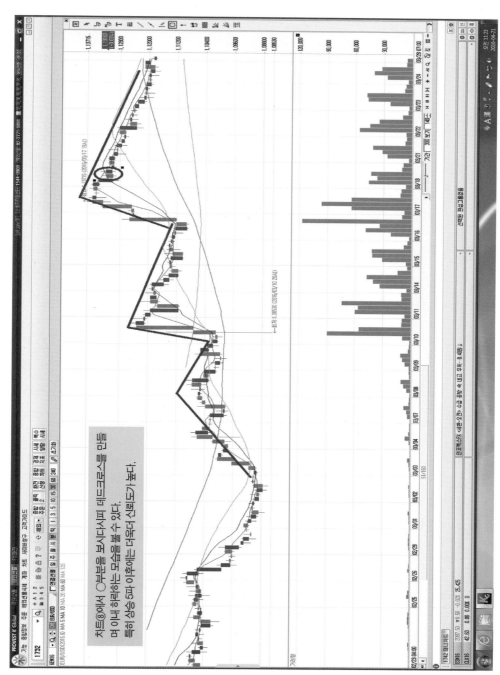

차트8에서 ○부분을 보시다시피 데드크로스를 만듭니다.
더 이내 하락하는 모습을 볼 수 있다.
특히 상승 5파 이후에는 더욱더 신뢰도가 높다.

유로 달러 EUR/USD 240분봉차트(8)

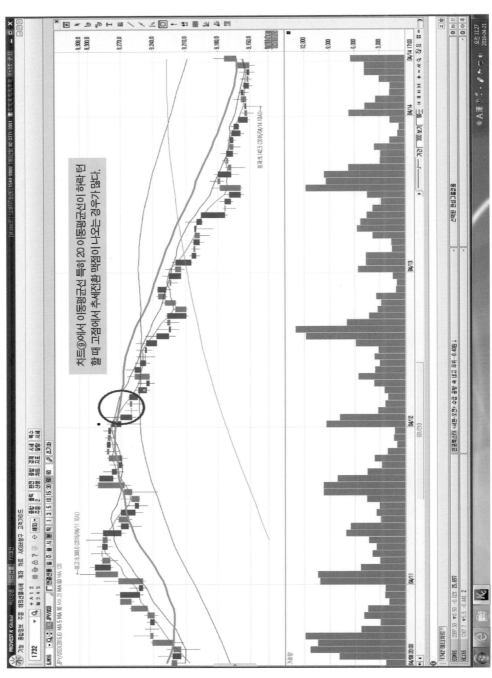

차트⑨에서 이동평균선의 특히 20 이동평균선이 하락 턴
할 때 교점에서 추세전환 맥점이 나오는 경우가 많다.

엔달러 JPY/USD 60분 (차트⑨)

8

인체와 차트의 비교

사람도 혈액이 맑고 흐름이 좋고 근육이 탄력이 있고 단련되어 있어야 하며 척추의 변위가 없이 골밀도가 높은 상태에서 척추의 정열이 바르게 위치 되어야 건강한 생활을 할 수 있듯이, 차트에서도 상승의 거래량 증가 조정의 거래량 감소 캔들도 상승시 음봉의 개수보다 양봉의 개수가 더 많으며 음봉의 크기보다 양봉의 길이가 더 커야 좋으며 이동평균선도 우상향으로 단기이동평균선부터 장기이동평균선까지 정배열이될 때 상승 에너지가 강하다라고 말할 수 있으며 하락의 장세파악은 상승의 반대 개념으로 생각하면 어렵지 않게 하락장도 파악할 수 있다.

건강한 인체나 수익을 주는 좋은 그래프(차트)는 공통점이많다

강현수어록

술한 패배 속에 살아남는 지혜를 터득하고자하는 인간의 몸부림.

좋은 차트는 정배열+상승시 양봉의 상승에 에너지 강함. 조정은 얕게 진행되는 차트라는 것을 실전차트①을 보면 한 눈에 알 수 있다.

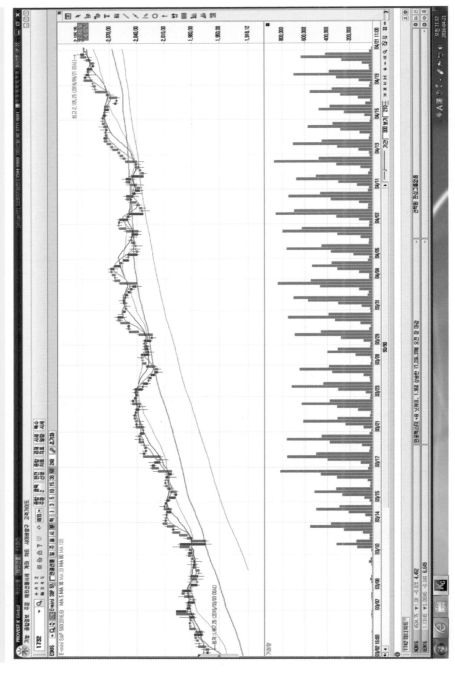

에스앤피500 S&P500 240분 (차트①)

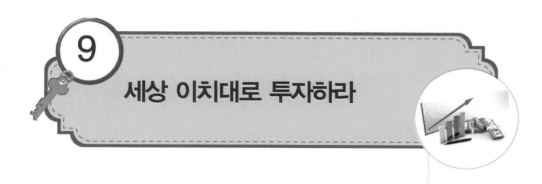

세상 이치대로 투자하라

A구간에서는 매수 청산을 반복하는 매매를 해야 쉽게 성공 투자를 할 수 있다. 즉, 여름에 햇볕이 쨍쨍하게 쬘 때 빨래를 말리려면 빨래는 빠른 시간내에 잘 마른다. 세상의 이치는 간단하고 쉽다. 그 당연한 이치를 매매에도 적용을 해야 성공적인 투자를 할 수가 있다.

A구간의 가격의 흐름은 상승폭과 상승 기간은 길고 조정폭과 기간은 짧다는 상승구간의 특징이 있다.

B구간에서는 매도 청산을 반복하는 매매를 해야 쉽게 수익을 내는 성공투자를 할 수가 있다.

B구간의 가격 흐름은 하락폭과 하락기간은 길고 상승폭과 반등은 짧게 나온다는 하락장의 특징을 잘 보여준다.

예컨대 겨울에 눈이 펑펑 내릴 때 얼음을 얼려라. 겨울에 눈이 올 때 물그릇을 밖에 그냥 두기만 해도 쉽게 얼음을 얼릴

강현수어록

하늘은 다 주지 않는다.

수가 있다.

그런데 만약 눈이 오는 겨울에 빨래를 말린다고 한다면 그 빨래가 쉽게 마를 수 있을까?

여러분들이 주시하다시피 빨래를 말리기가 무척 어렵고 힘이 들 것이다.

그래서 세상의 쉬운 이치가 이 투자의 세계에도 적용된다는 사실을 느낄 필요가 있겠다.

차트 ①을 참조한다면 쉽게 이해가 갈 것이다.

강현수 어록

실전프로는 자신을 의심
하지 않는다.

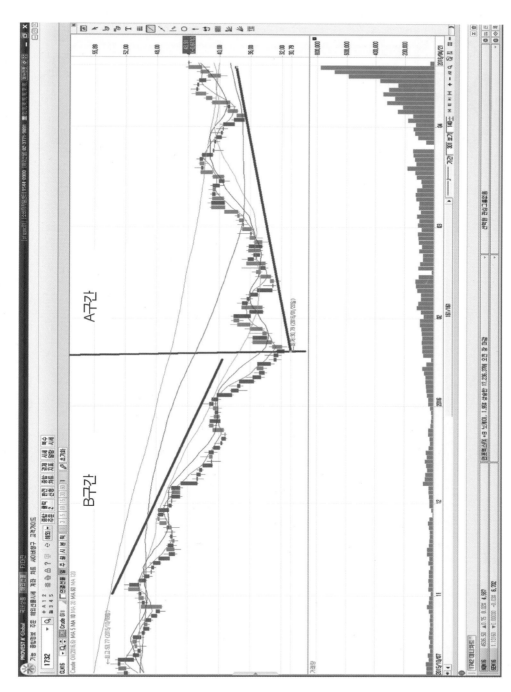

크루드 오일 Crude oil 일봉 (차트①)

10 캔들과 단기 이동평균선·장기 이동평균선의 활용

캔들과 단기 이동평균선·장기 이동평균선의 활용

투자자들이 실전매매를 할 때 캔들 및 단기 이동평균선은 진입·청산·손절매의 판단 기준으로 삼고 장기 이동평균선은 추세를 파악하는 추세선을 대신해서 사용하기도 한다.

캔들의 크기 캔들의 연속성 단기 이동평균선의 배열과 상승각도를 정교하게 검토하게 되면 가격의 힘의 세기까지 한눈에 파악해서 실전매매에 활용할 수가 있다는 장점이 있다.

차트에서 투자가가 캔들, 단기 이동평균선과 장기 이동평균선을 검토할 때 얼마나 캔들과 이동평균선의 의미와 성격과 생리를 잘 알고 분석하느냐가 중요하다.

단순해 보이는 캔들과 단기 이동평균선과 장기 이동평균선을 디테일하게 분석함으로 해서 실전매매의 성공 확률을 더

강현수 어록

실전 매매는
심리전이다.

욱더 높일 수가 있다.

똑같은 차트를 놓고 어떻게 해석하느냐는 투자자의 내공에 따라서 그 분석이 다르게 나타난다고 말 할 수 있다.

차트는 아는 만큼 보이고 보이는 만큼 투자자에게 과실을 되돌려주기 때문에 정교한 분석을 해야 한다.

실전 차트 ①참조

강현수 어록

시세의 파도에 몸을 실어봐야 실전 매매를 알게 된다.

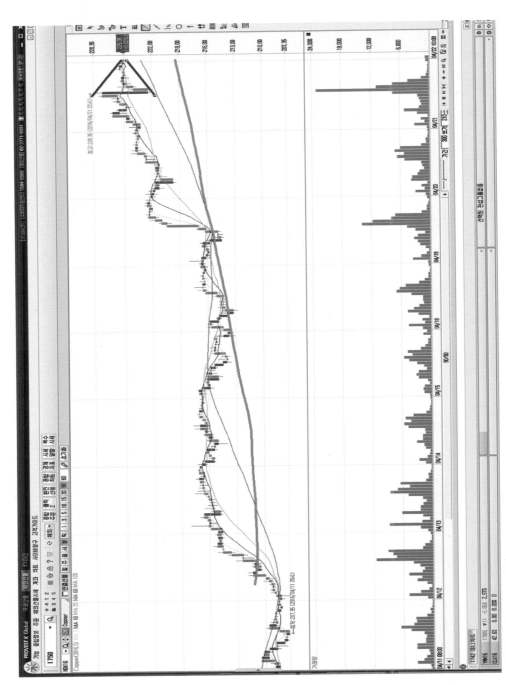

구리 Copper 60분 (차트①)

11 가격의 움직임 분석

가격이 상승하고 하락하게 되면 제일 먼저 현재가 창의 호가가 움직이고 그 다음은 캔들이 만들어지고 캔들의 움직임에 연동해서 단기 이동평균선이 움직이며 하나의 파동을 만들기 시작한다.

파동이 모여서 추세가 형성되고 그 추세의 방향과 동행해서 단기 이동평균선이 움직인다.

이때 가격의 힘의 세기는 단기 이동평균선의 각도로서 파악을 할 수가 있겠다. 이때 가격의 추세는 장기 이동평균선으로 추세 파악이 가능하다.

추세의 한마디가 완성된 이후에 추세의 끝자락에서 새로운 패턴이 만들어지는데 패턴은 지속형 패턴(삼각형, 깃발형, 쐐기형, 직사각형 등)과 반전형 패턴(헤드앤숄더, 이중바닥 등)이 있다.

강현수어록

행운3, 기술7.

패턴의 끝자락에서는 다시 새로운 파동과 추세가 반복해서 이어지며 가격의 등락이 발생하게 된다.

　이러한 상승·하락의 반복된 파동·추세·패턴의 움직임은 세계 모든 금융상품의 가격 움직임의 정형화된 하나의 룰이라고 말할 수 있겠다. 현재가①과 차트②를 참조하면 더욱 더 이해가 빠를 것이다.

강현수 어록

대소 중첩이 맥점이다.

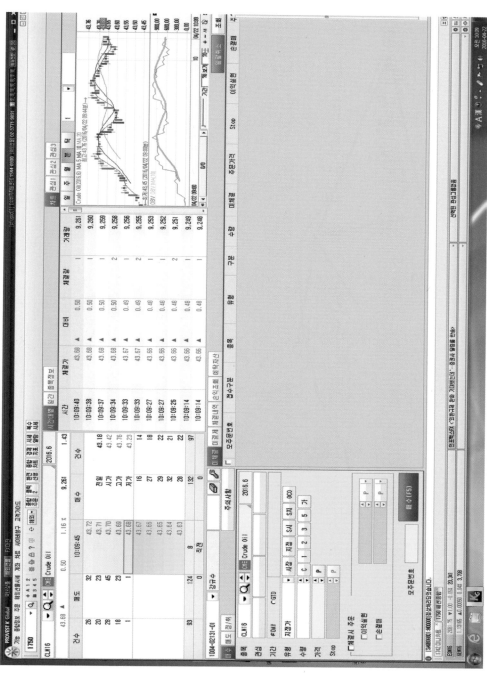

크루드 오일 Crude에 주문창 (현재가①)

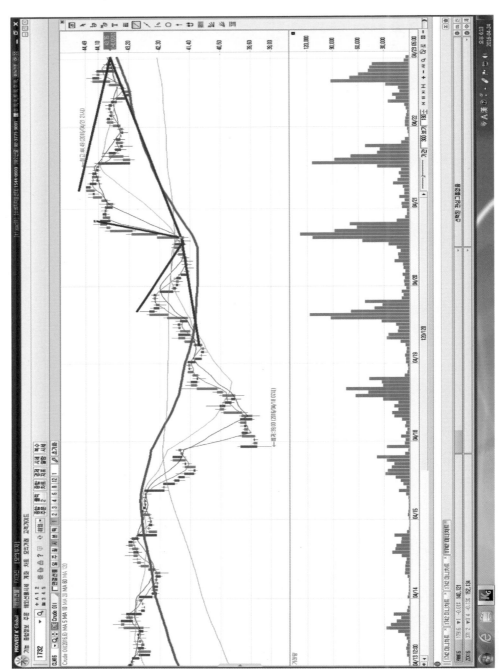

크루드 오일 Crude oil 60분 (차트②)

12 상승장 · 하락장 · 횡보장 · 굴곡장 · 구분법

가격의 움직임을 형태로 구분해보자면 상승장(고점과 저점이 높아짐) 하락장(고점과 저점이 낮아짐) 횡보장, 굴곡장으로 나누어 볼 수가 있고 세계의 모든 주식과 파생시장(해외선물, 국내선물, 옵션) 등에서 끊임없이 반복적으로 나타나는 정형화된 현상이다.

실전투자에서 간단하게 상승과 하락장을 파악하는 손쉬운 방법은 가격의 움직임이 정배열이냐 역배열이냐를 그래프를 통해서 검토해 보는 것이다.

상승장과 하락장을 구분하는 이유는 상승장은 매수 포지션으로 진입했을 때 성공 확률이 높고 하락장은 매도 포지션으로 진입했을 때 성공 확률이 높으며 횡보장과 굴곡장은 비율 진입으로 매매 성공 확률을 높일 수 있겠다.

강현수어록

꿈이 있는 투자자는 늙지 않는다. 다만 실전 내공이 쌓일 뿐이다.

차트①은 저점과 고점이 높아지는 상승장의 모습을 보여주는 실전차트

에스엔피 500 S&P 500 일봉 (차트①)

차트②는 고점과 저점이 낮아지는 하락추세의 실전차트이다.

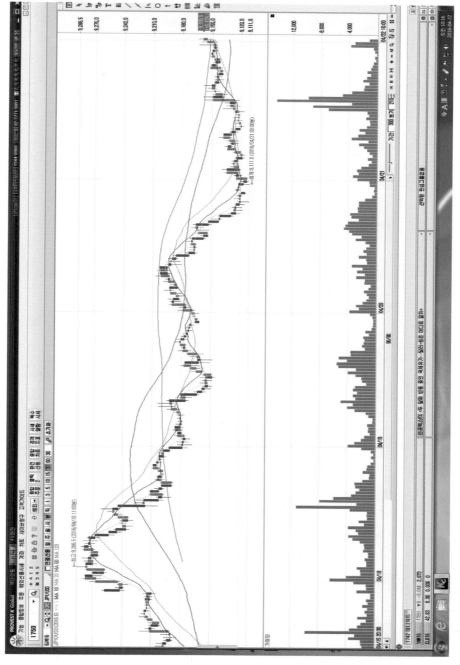

엔달러 JPY/USD 30분 (차트②)

차트③은 저점과 교점이 일정한 횡보구간의 실전차트이다.

금 GOLD 일봉 (차트③)

차트④는 가격이 굴곡의 흐름을 보여주는 실전 굴곡차트이다.

크루드 오일 Crude oil 3분 (차트④)

13

업 사이드 패턴

　　업 사이드 패턴은 월봉·주봉·일봉·분봉이 정배열을 보여줄 때 업 사이드 패턴이라고 말하고 매수 청산 마인드로 성공 확률을 높일 수가 있겠다.

• 업 사이드 패턴 차트
월봉 — 검토
주봉 — 검토
일봉 —검토
분봉(30분) — 검토

강현수어록

투자 성공.
결국 홀로서야 한다.

차트①은 저점과 고점이 동시에 높아지는 업 사이드 실전 차트의 패턴이다.

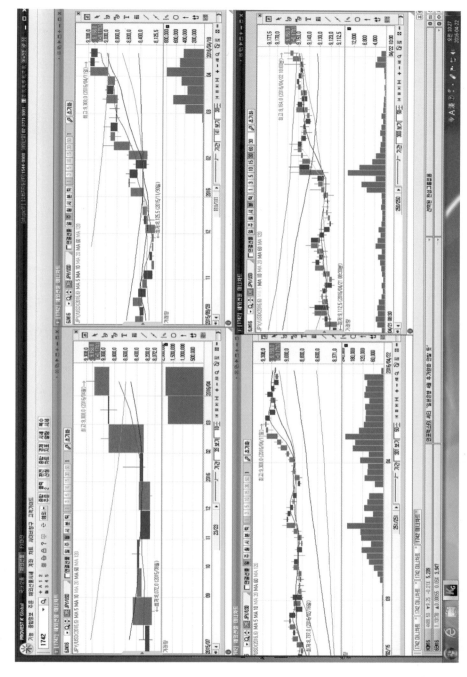

엔 달러 JPY/USD 월봉 주봉 일봉 30분봉 (차트①)

14

다운 사이드 패턴

다운 사이드 패턴은 월봉 · 주봉 · 일봉 · 분봉이 역 배열을 보여줄 때 다운 사이드 패턴이라고 말하고 매도청산 마인드로 거래를 하면 성곡확률을 높일 수가 있겠다.

참고로 세상의 모든 금융상품은 업 사이드 패턴과 다운 사이드 패턴, 박스 패턴, 굴곡 패턴으로 나눌 수 있다.

• 다운 사이드 패턴 차트

월봉 — 검토

주봉 — 검토

일봉 — 검토

분봉(30분) — 검토

강현수 어록

결국 이기는 베팅을 하라.

108

차트①은 저점과 고점이 동시에 낮아지는 다운 사이드 실전 차트의 패턴이다.

크루드 오일 Crude에 월봉 주봉 일봉 30분 (차트①)

109

갈 자리가 많은 상품을 선택하라

투자의 상품을 선택할 때 여러 가지 분석을 통해서 이왕이면 상승이나 하락 방향으로 갈 자리가 즉 목표치가 큰 상품을 선택해서 매매를 할 때 짧은 시간에 큰 수익을 낼 수 있을 것이다. 그래서 RSI지표를 활용해서 고 부가가치를 얻을 수 있는 상품을 선택하는 것이 중요하다고 말할 수 있겠다.

차트 + RSI

차트①을 보면 보조지표인 RSI와 차트를 조합해서 진입 맥점을 찾을 때 더욱더 성공 확률이 높다는 것을 실전 차트를 통해 알 수가 있다.

강현수어록

비울로 즐기며 자주 기회를 가져라.

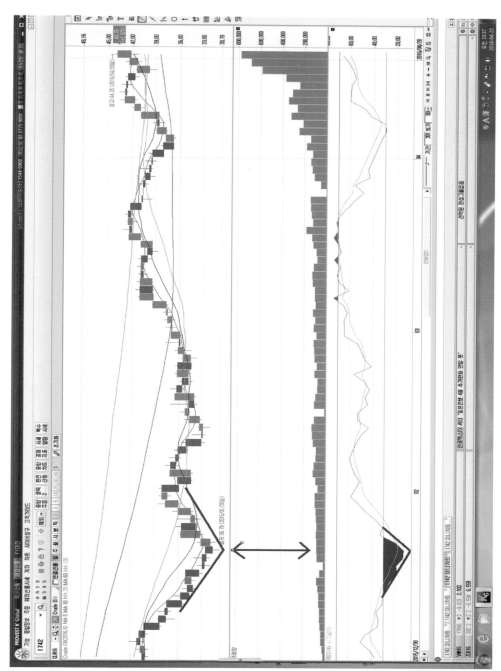

크루드 오일 Crude oil 일봉 (차트①)

가격의 상승 초입을 감지하고 매수로 진입하거나 가격의 하락 초입을 감지하고 매도로 진입할 때 상위의 이동평균선이 가격의 저항 역할을 할 때는 가격의 움직임 파워가 저항 역할을 하는 상위의 이동평균선의 영향으로 그 움직임이 약화되는 경우가 많다. 이 때 캔들의 저항 지지 이동평균선의 지지와 저항을 함께 검토해야만 미시적·거시적인 가격흐름 분석이 용이하다.

강현수어록

무엇을 하느냐 보다 어떻게 하느냐가 더 중요하다.

차트①은 상위의 이평선이 저항 역할을 한다는 것을 실전차트를 통해서 확인할 수가 있다.

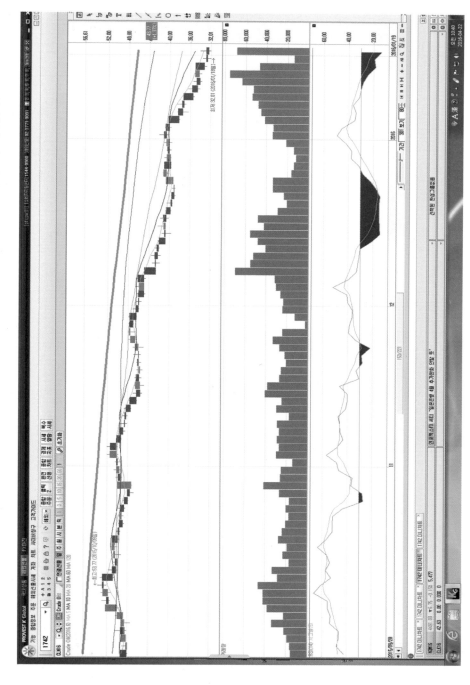

크루드 오일 Crude oil 일봉 (차트①)

차트②는 120선이 가격의 저항역할을 하는 것을 실전 차트를 통해 확인할 수가 있다.

금 Gold 60분 (차트②)

17

3파를 노려라

가격이 상승할 때는 1파 2파 3파 4파, 5파 등의 순서대로 상승을 하게 되는데, 가장 안전하며 성공의 확률이 높은 자리가 바로 3파 맥점이라고 말할 수 있겠다.

강현수어록

자신의 몸에 맞는 투자 비책이 있어야 한다.

차트①에서 보시다시피 3파의 파동이 가장 상승 폭이 크며 또 진입 시점을 잡는데 있어서 안전한 진입 맥점이라는 것을 실전 차트를 통해서 알 수가 있다.

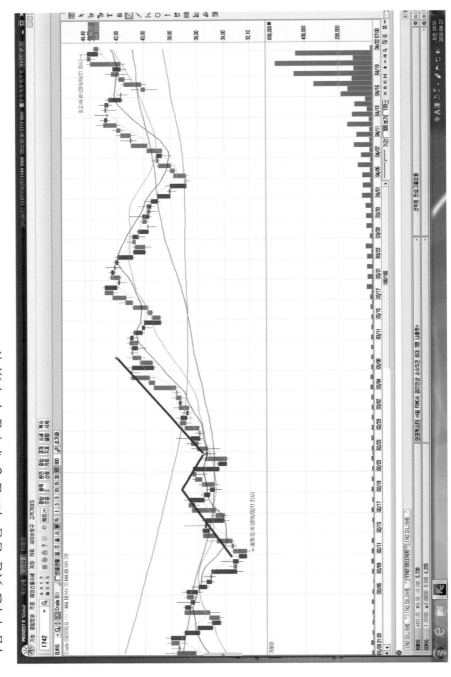

크루드 오일 Crude oil 800분 (차트①)

18 선을 장악하는 작업

가격이 움직이면 파동이 만들어지고 연속된 파동은 추세를 만들고 추세의 끝자락에서는 패턴이 만들어지는데, 이 모든 과정은 이동평균선을 장악하는 작업이다.

그래서 실전 매매를 할 때 이동평균선 장악 작업이 어떻게 이루어 지는지를 정교하게 분석 검토를 해야 이기는 투자를 할 수 있다.

강현수어록

피라미 낚다가 월척을 낚는다. 월척만 노리면 쪽박 찬다.

117

차트①을 검토해 보면 캔들이 20이평선을 통과하고 조정을 받고 다음 60이평선을 통과하고 조정을 받고, 이어서 120이평선을 차례대로 통과하며 모든 이동평균선을 다 정복한 이후에 가격이 이후에 급등하는 것을 실전 차트를 통해서 볼 수가 있다.

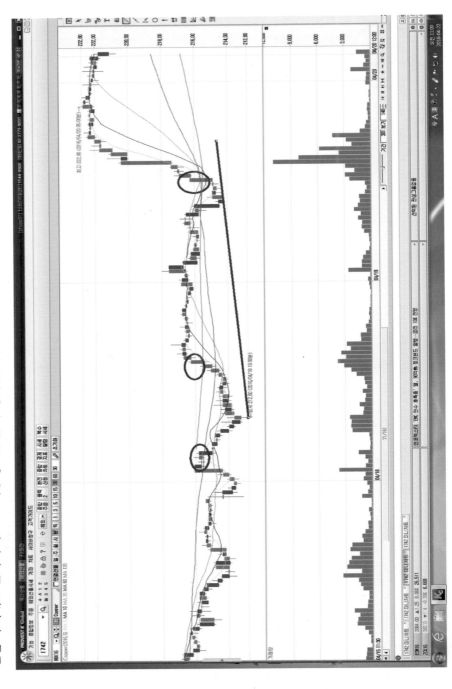

구리 Copper 30분 (차트①)

19 돌파 매수 진입 맥점
이탈 매도 진입 맥점

캔들의 돌파보다 단기 이동평균선의 돌파는 그 영향이 더 크게 미치며, 단기 이동평균선보다 중 · 장기 이동평균선 돌파의 영향이 가격의 상승에 더욱더 크게 영향을 미친다.

강현수 어록

돈은 빠르기 때문에 잡을 수 없고, 다만 기다림뿐이다.

(1) 돌파 매수 진입 맥점

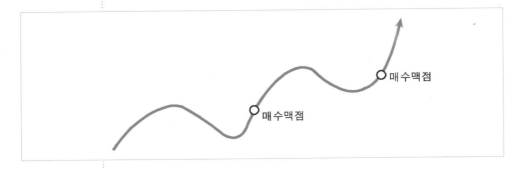

(2) 이탈 매도 진입 맥점

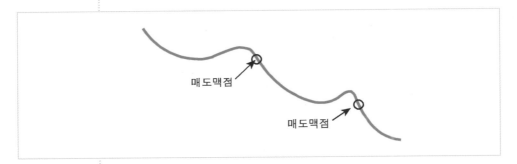

강현수어록

실패를 원치 않지만 실패를 통해서 성공의 길을 찾을 수 있다.

차트①에서 ○부분을 보면 이전 고점을 돌파하는 것을 볼 수가 있다. 외봉보다 통상 쌍봉의 돌파는 더욱더 강력한 상승을 보여주는 경우가 많다.

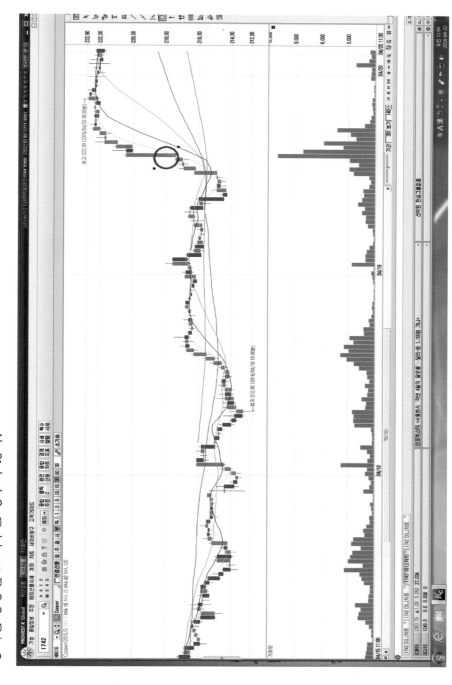

구리 Copper 30분 (차트①)

차트②에서 ◯부분을 검토해 보면 앞 지점을 이탈하게 되면 가격이 큰 폭으로 떨어지는 것을 실전 차트를 통해서 확인할 수가 있다.

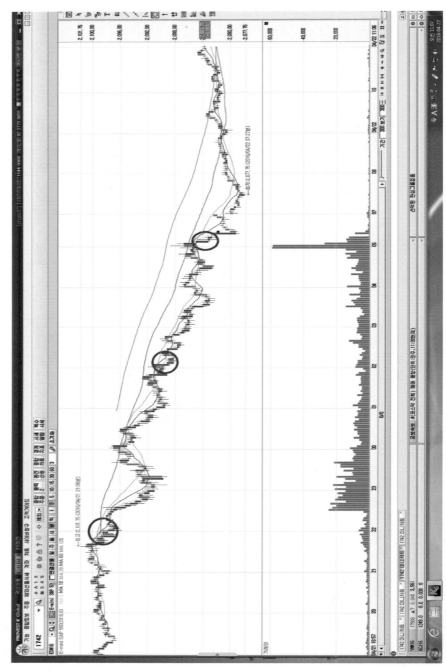

에스앤피500 S&P500 3분 (차트②)

122

매매 기법

7일 이동평균선 턴 매매기법

7일 이동평균선 턴 매매기법은 해외선물 실전매매에 있어서 확실한 변곡의 맥점을 잡아서 추세의 초입단계에 진입하여 수익을 극대화시키는 매매기법이라고 말할 수 있겠다.

이동평균선 중에 5일 이동평균선이 있고 20일 이동평균선도 있는데 필자가 소개하는 7일 이동평균선 매매기법은 5일 이동평균선의 너무 빠른 신호로 인한 가격의 잔파도, 트릭, 노이저, 휩소의 신호를 걸러내고 심리적인 안정에도 도움이 된다고 말할 수 있겠다.

20일 이동평균선은 신호가 너무 느리다는 단점이 있기 때문에 5일 이동평균선과 20일 이동평균선의 단점을 보완한 7일 이동평균선 턴 매매기법을 개발하게 되었다.

7일선 턴 지점은 이동평균선의 기울기를 보고 진입을 할 수 있고 6일전의 선행 캔들과 오늘의 캔들을 비교해서 7일 선 턴

강현수 어록

100% 맞힐 수 없는 일에 시간과 에너지 낭비하지 말라!

맥점을 찾아서 진입 할 수도 있겠다.

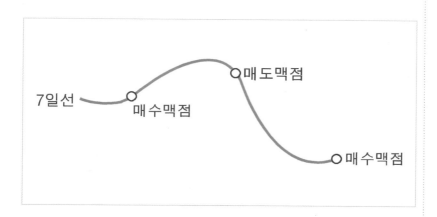

실전 Tip

• 매매의 3대 요소

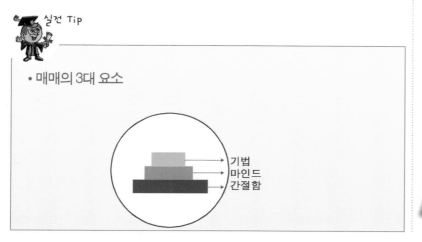

강현수어록

남이 못하는 걸 해내야
남보다 조금 더 앞서갈
수 있다.

7일선을 활용한 실전차트①부터 ④까지 정교하게 검토해 보면 더욱 더 이해가 빠를 것이다.

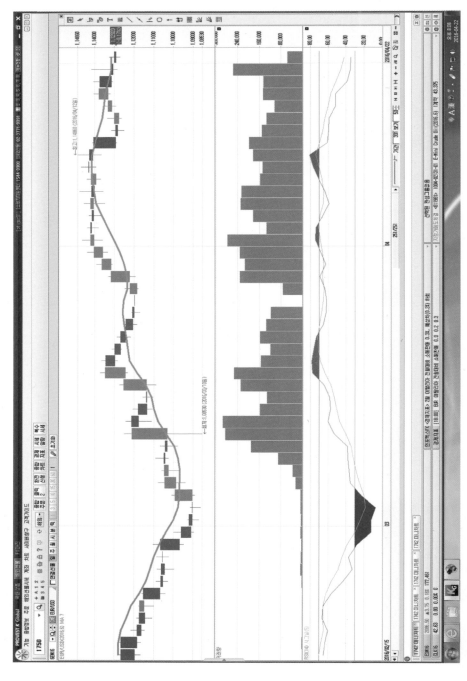

유로달러 EUR/USD 일봉 (차트①)

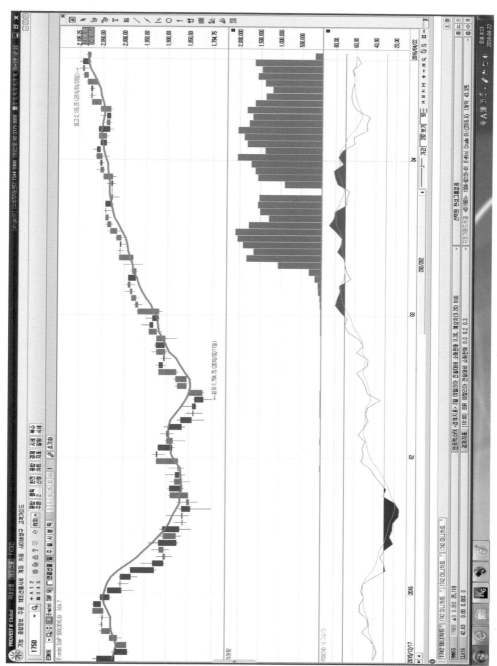

에스앤피500 S&P500 일봉 (차트②)

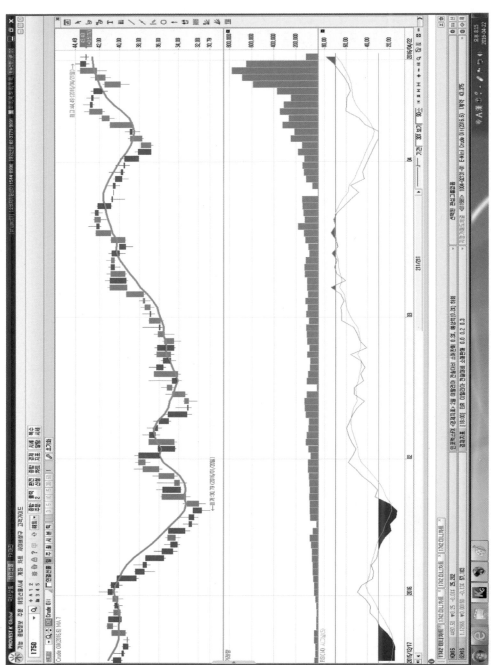

크루드 오일 Crude oil 일봉 (차트③)

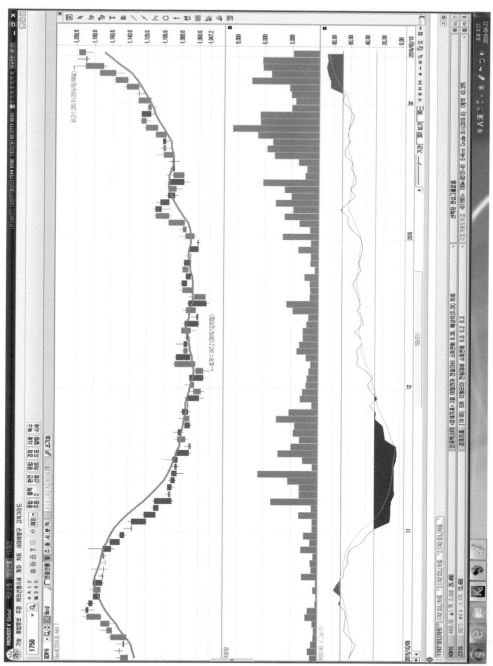

금 Gold 일봉 (차트 ④)

2

240분봉 매매 기법

분봉 차트를 활용해서 매매하는 분봉차트 매매기법중 240분봉 매매기법이 실전매매에 있어서 활용도가 아주 높다.

240분봉 매매기법은 240분봉 하나만 가지고 단기매매, 중기매매, 장기매매가 가능하다는 장점이 있다.

봉차트 중 일봉은 물론 다른 여러 가지 분봉들을 모두 배제하고 오로지 240분봉 하나만 이용해서 단기, 중기, 장기 매매가 동시에 가능하기 때문에 240분봉 매매는 실전매매에 임할 때 아주 유익하게 활용할 수 있는 봉차트다.

240분봉 매매는 추세선을 굳이 따로 그어 보지 않아도 가격의 추세를 한 눈에 파악할 수 있다는 장점도 있다.

또한 240분봉을 활용하게 되면 추세의 변곡점을 쉽게 찾을 수가 있으며 이동평균선은 42선을 설정해서 매매에 활용하면 되겠다.

강현수 어록

호랑이를 잡으려면 토끼를 잡을 때 쓰는 칼을 사용하면 안된다.

보조지표를 활용해서 매매를 할 때는 RSI의 다이버전스를
적용해서 성공 확률을 좀 더 높일수도 있다.

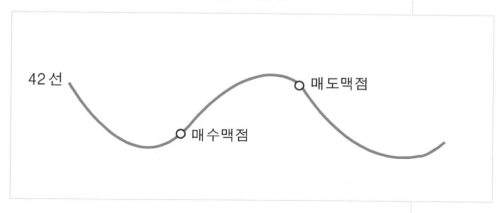

42 선

매도맥점

매수맥점

강현수어록

칼을 잘 쓰는 무사는 칼
을 쓰는 시간보다 칼을
가는 시간이 더 길 수 있
다.

240분봉 42선을 활용한 실전차트 ①부터 ④까지 정교하게 분석해 보면 더욱 더 이해가 빠를 것이다.

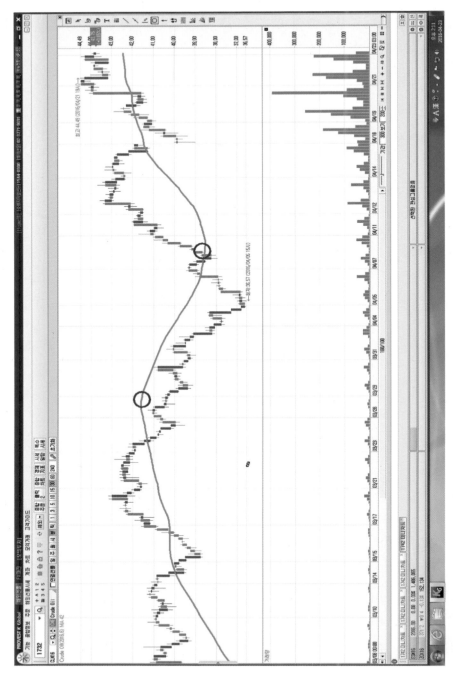

크루드 오일 Crude oil 240분 (차트①)

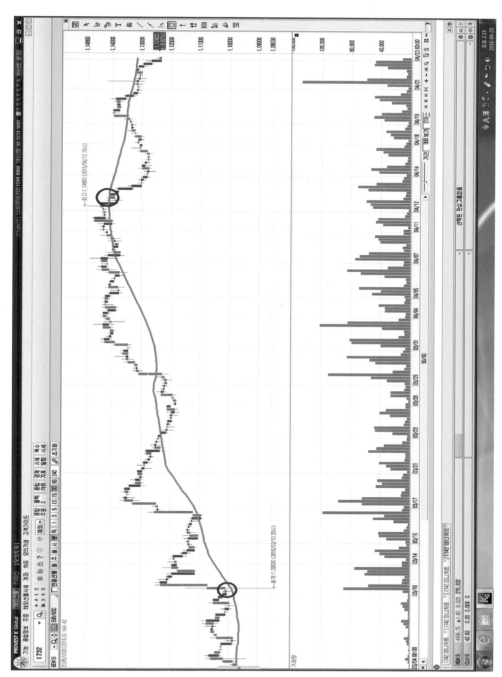

유로달러 EUR/USD 240분 (차트②)

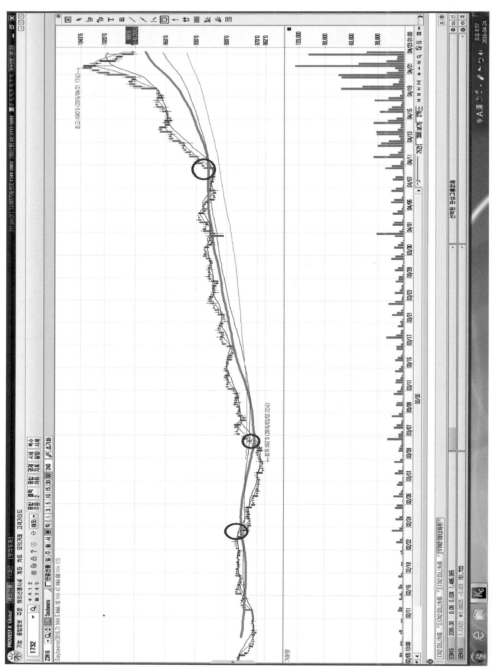

대두 Soybeans 240분 (차트③)

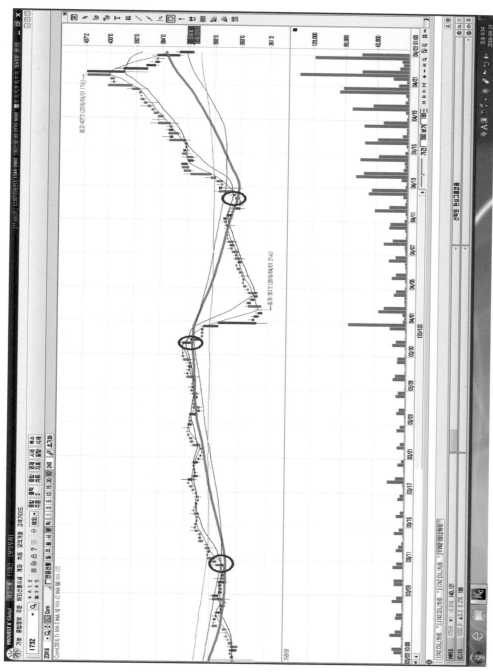

옥수수 com 240분 (차트④)

3

정배열 · 역배열매매

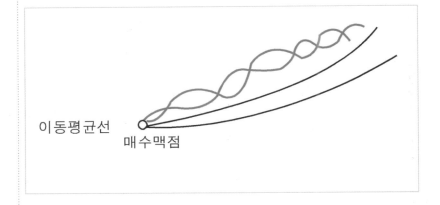

이동평균선

매수맥점

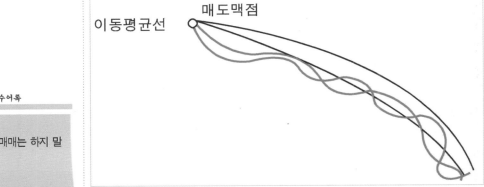

이동평균선   매도맥점

강현수어록

잠 설칠 매매는 하지 말라.

정배열·역배열을 활용한 실전차트를 ①부터 ⑧디테일하게 검토해 보면 더욱더 이해가 빠를 것이다.

실전 Tip

해외선물은 뉴스나 경제지표 발표에 아주 민감하게 반응하므로 이에 대한 여러 가지 정보를 신속하게 습득하여 실전 매매에 적용할 필요가 있다.

오늘날 글로벌 경제는 개별 경제 체제를 넘어 국가 간, 대륙 간 상호 밀접한 연관 관계를 가지며 여러 분야에서 영향을 끼치고 있다.

한 나라의 경제의 펀더멘탈이 튼튼할 지라도 주요국(미국, 중국, 유럽 등)에서 발표되는 경제 지표에 기인한 시장의 변동은 매매자들이 간과할 수 없다.

뉴스의 재료를 분석하여 매매하는 뉴스 트레이딩은 주요 경제뉴스, 경제지표, 발표 후 시장의 단시간의 추세를 활용해서 매매를 진행하는 것을 말한다.

해외선물은 23시간 거래되는 세계에서 가장 큰 시장인데 특히 큰 변동성은 뉴스 발표시간에 많이 이루어지고 있다.

시장에 영향을 미치는 주요 경제지표는 금리결정, 고용지수, 무역지수, 소매판매, 산업생산, 내구재주문, 소비자물가지수(CPI), 생산자물가지수(PPI) 등이 있다.

경제 지표와 뉴스는 시장의 큰 추세를 결정짓는 중요한 요소지만 예상치와 발표치의 차이가 클 경우 단기 변동성은 그 폭만큼 커진다.

강현수어록

진입시 손절가를 미리 정하라.

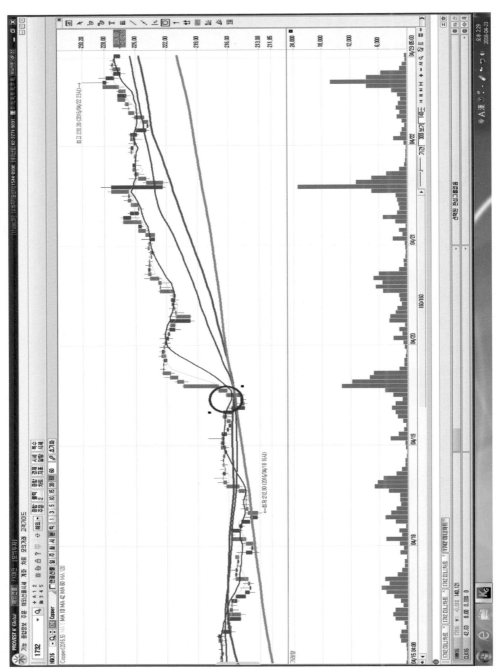

구리 Copper 60분 (차트①)

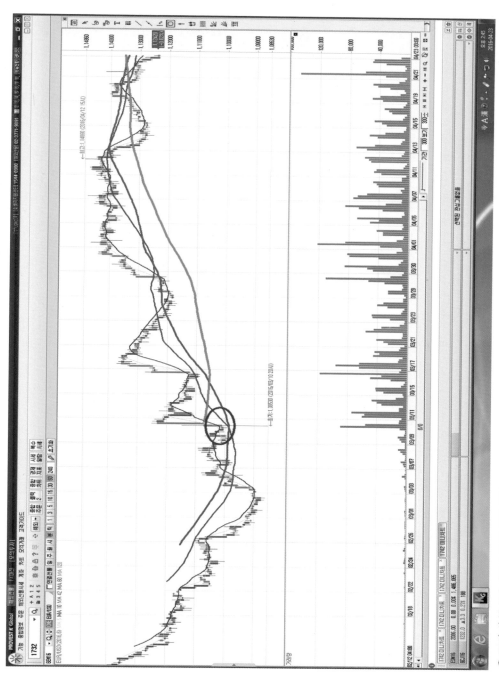

유로달러 EUR/USD 240분 (차트②)

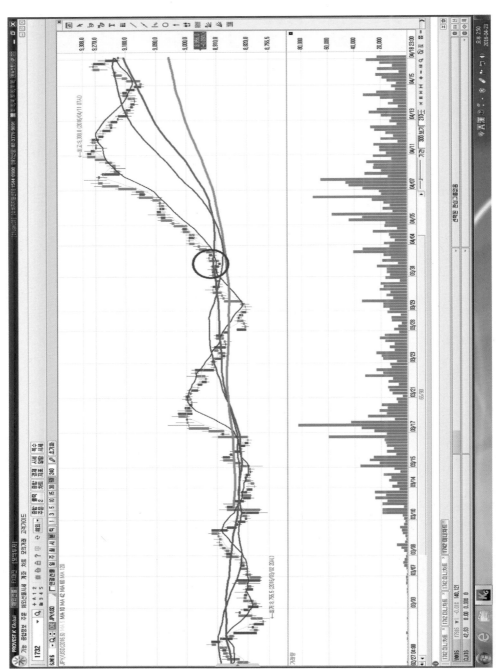

엔 달러 JPY/USD 240분 (차트③)

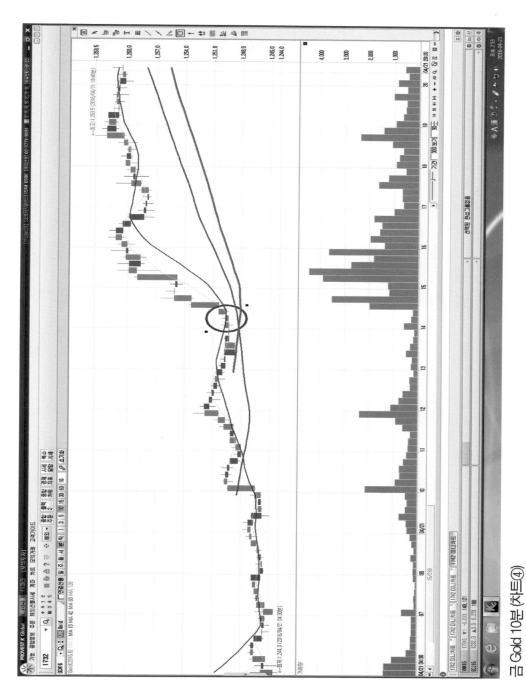

금 Gold 10분 (차트④)

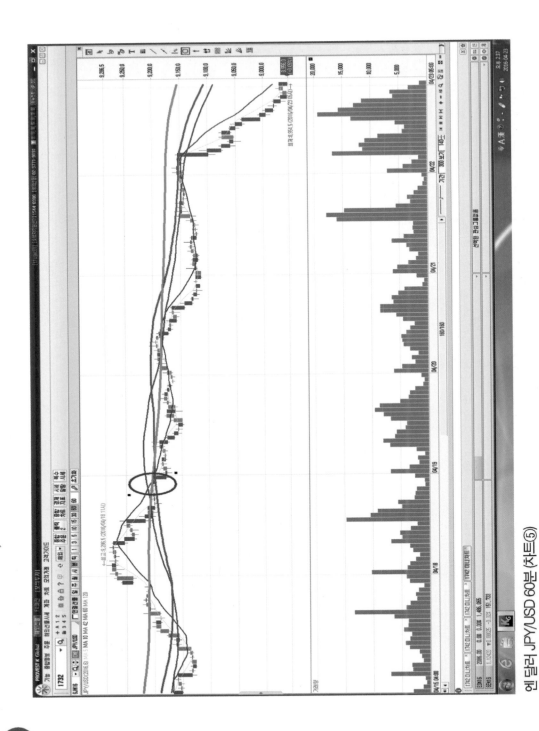

엔 달러 JPY/USD 60분 (차트⑤)

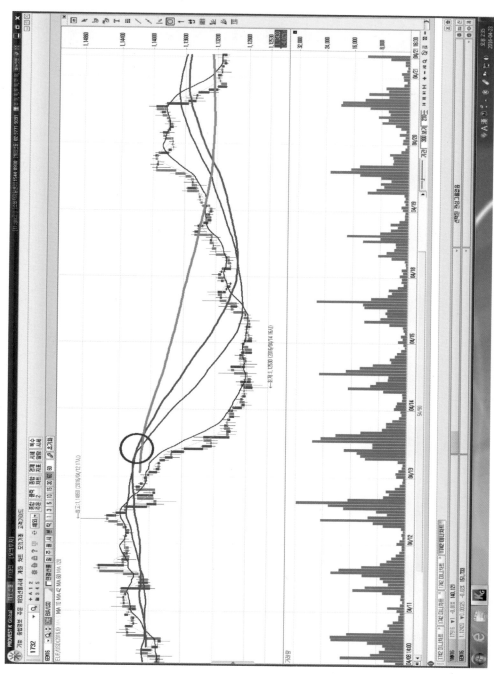

유로달러 EUR/USD 60분 (차트⑥)

금 Gold 10분 (차트 ⑦)

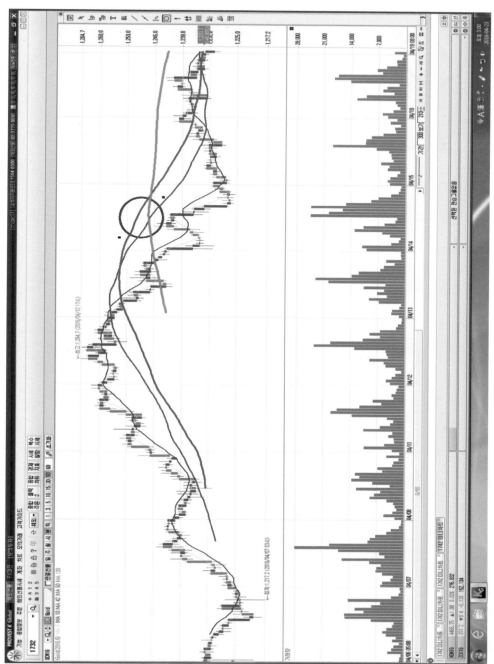

금 Gold 60분 (차트8)

4 캔들 추세 매매

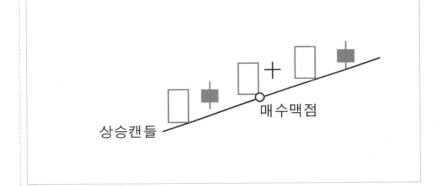

상승캔들

매수맥점

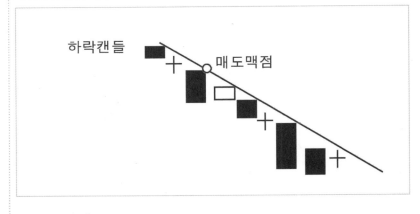

하락캔들

매도맥점

강현수어록

달리는 말에서는 내리지
말라.

캔들 추세를 활용한 실전차트를 ①부터 ④까지 정교하게 검토해 보면 더욱 더 이해가 빠를 것이다.

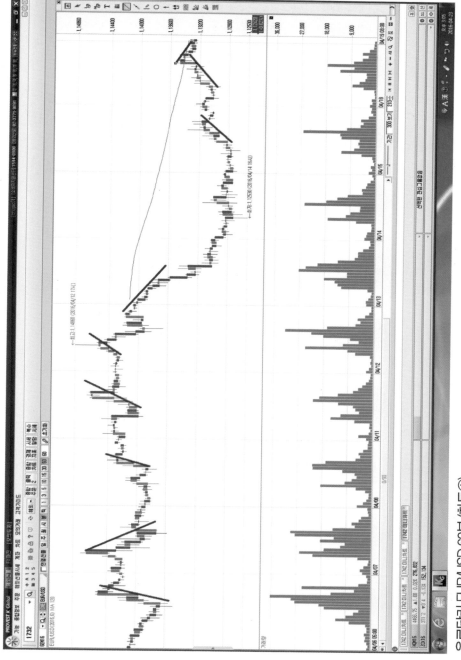

유로달러 EUR/USD 60분 (차트①)

147

엔달러 JPY/USD 60분 (차트②)

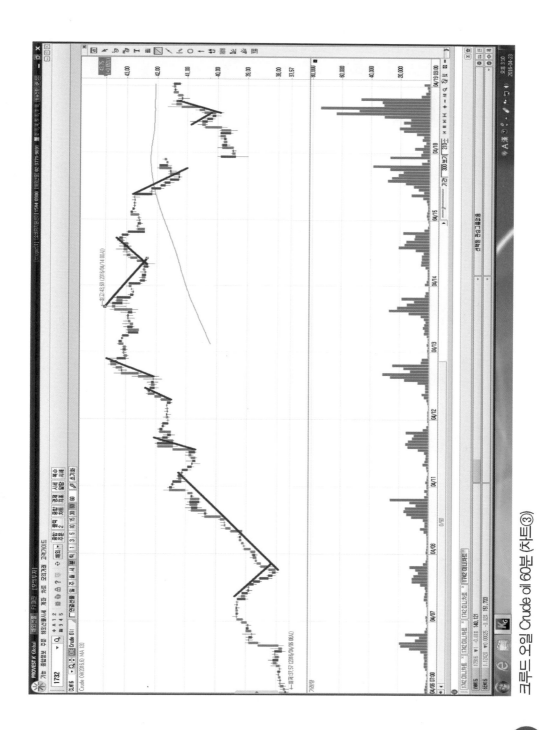

크루드 오일 Crude oil 60분 (차트③)

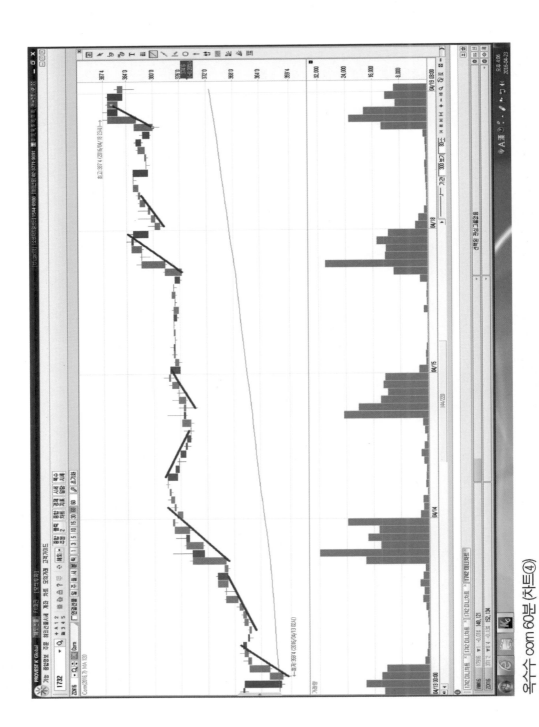

옥수수 com 60분 (차트④)

기본적 분석

해외선물의 기본적 분석이란 가격 변화에 영향을 미칠 수 있는 다양한 기초 경제변수들을 체크하여 이들 변수들과 가격과의 관계를 체계화한 가격 결정모형을 세팅하고 이를 활용해 미래의 가격 변화 예측, 경제 변수(GDP, 소비, 투자, 저축, 국제수지, 화폐 공급, 이자율, 인플레이션, 생산성, 인구 증감) 등을 검토해서 판단하는 하나의 분석법이다.

기본적 분석의 장점은 가격에 영향을 미치는 다양한 변수들을 적절히 선택하여 이들과 가격 움직임과의 관계를 계량모형으로 체계화함으로써 장기적인 가격 변화의 방향과 그 폭을 수치적으로 제시한다는 점에 있다.

기본적 분석의 단점으로는 다양한 자료 취합, 수집한 자료 처리과정의 소요 시간, 비용, 변수들의 상당한 오차, 가격 변화에 영향을 미치는 예상치 못한 사태 발생이나 기타 변동, 투심의 변화 등에 즉각적으로 반영하기 어렵다는 아쉬운 점이 있다.

강현수 어록

수익보다 진실한 것은 없다.

1 국내총생산(GDP)

■정의

❶ GDP (Gross Domestic Product)

❷ 국내 총 생산을 말하는 지표이다.

❸ 내국인 외국인 국적을 불문하고 우리나라에서 이루어진 모든 생산 활동을 말한다.

❹ GDP는 생산의 중요 지표이다.

❺ 목표 경제성장률을 잡을 때 GDP를 기준으로 한다.

❻ 소비, 수출, 기업설비투자, 정부지출 등이 핵심 4대 요소이다.

■GDP의 중요성

❶ GDP는 모든 경제활동을 함축적으로 나타내기 때문에 경제를 추정하고 예측하는데 활용되는 중요 지표이다.

❷ GDP에 포함되어 있는 각 항목을 디테일하게 분석하면 효과적인 투자를 할 수 있다.

강현수어록

매일 언제나 첫 마음으로 시작하라.

153

■발표일

분기별로 분기가 마감되고 발표는 매월 넷째 주에 발표된다.

첫달 : 예상치 발표

둘째달 : 수정치 발표

셋째달 : 확정치 발표

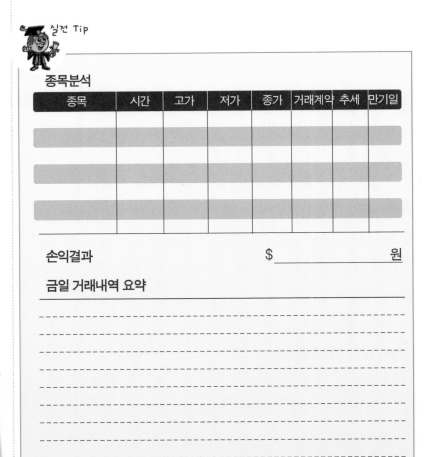

실전 Tip

종목분석

종목	시간	고가	저가	종가	거래계약	추세	만기일

손익결과 $ _____ 원

금일 거래내역 요약 _____

강현수어록

매매의 이치를 깨달아야
한다.

2 신규실업수당 청구건수
(Jobless Claims)

■정의

❶ 미국 노동부가 신규로 실업으로 인해 청구되는 실업 수당 청구건수를 말한다.

❷ 이 지표는 변동이 대체적으로 크게 나타난다.

❸ 4주 연속 신청건수도 함께 묶어서 발표된다.

■신규실업수당 청구건수의 중요성

❶ 집계상 40만 건을 기준으로 보게 되는데, 40만 건보다 적으면 해고보다 고용이 더 많다고 본다.

❷ 이 지표는 소비와 아주 밀접한 연관성이 있다.

❸ 또 소비는 기업의 생산성과 깊은 연관성이 있다.

■발표일

매주 목요일

강현수어록

7을 얻고 싶으면 3을 줘라.

3 소비자 물가지수 (CPI)

■정의

❶ CPI (Consumer Price Index)

❷ 소비자가 구입하는 상품, 서비스의 가격 변동을 알 수 있는 지표

❸ 한국 구성 항목 : 12개

미국 구성 항목 : 18개

■소비자 물가지수의 중요성

❶ CPI는 인플레이션과 관련이 매우 깊다.

❷ CPI는 미국의 연준, 한국의 한국은행, 유럽의 ECB 등 각 국의 중앙은행의 금리결정의 예측지수로 활용된다.

■발표일

매달 중순

강현수어록

위험관리, 수익관리, 계좌관리

4 주택가격지수 FHFA
(FHFA House Price Index)

■ **정의**

❶ 주택가격지수 FHFA는 동일 주택에 있어서 판매와 대출 시 증감되는 가격의 움직임을 가지고 산출하는 지표이다.

❷ 유사한 지수로 S&P/case-shiler 주택가격지수도 있다.

■ **주택가격지수 FHFA의 중요성**

❶ FHFA 주택가격지수는 주택시장의 기조를 알 수 있는 지표이다.

❷ 주택가격지수의 상승은 주택 경기가 호전되고 있다고 볼 수 있다.

강현수어록

유연하면 부러지지 않는다.

■ **발표일**

매달 넷째주

5 신규주택판매 (New Home Sales)

■ **정의**

❶ 새로 지은 주택의 판매를 뜻한다.

❷ 주택 판매 건수 및 가격, 수량, 재고 등도 함께 발표된다.

■ **신규주택 판매의 중요성**

❶ 주택시장의 선행지표인 신규주택판매는 아주 중요한 지표 중 하나이다.

❷ 신규주택판매, 착공, 허가건수가 증가하면 건설산업의 경기가 호전 된다고 볼 수 있다.

■ **발표일**

매달 넷째주

강현수어록

실전 매매는 간단하고
쉽고 명확해야 한다.

6 주택시장지수 (Housing Market Index)

■정의

❶ NAHB (National Association of Home-builder)

❷ 주택시장 지수(NAHB)는 건축업자들을 대상으로 매달 설문조사를 하여 발표되고 주택의 매매 현황 등을 알 수 있다.

❸ NAHB를 보면 향후 주택동향, 신규 단독주택시장의 흐름을 알 수 있다.

■주택시장 지수의 중요성

❶ 주택지수의 선행지수로 잘 살펴봐야 한다.

❷ NAHB가 상승하면 신규주택 매매 등이 상승하고, 하락하면 신규주택 매매 등이 하락한다.

❸ NAHB는 주택시장의 미래를 나타낸다.

❹ 향후 GDP를 예단하는 자료로도 활용된다.

강현수어록

같은 실수를 반복하지 않으면 성공한다.

■발표일

매달 중순

7 기존주택매매건수 (Existing Home Sales)

■정의

❶ 기존주택매매건수는 기존주택 판매 계약 건수를 말한다.

❷ 주택시장의 실수요를 파악할 수 있기 때문에 디테일하게 체크 해야 한다.

■기존주택매매 건수의 중요성

❶ 기존주택매매건수는 주택시장의 흐름을 파악할 수 있으므로 아주 중요하다.

❷ 기존주택매매건수는 실수요자를 중심으로 통계를 내기 때문에 매우 중요하다.

❸ 기존주택매매건수의 감소와 증가의 추이를 검토해서 경기 및 고용 등의 동향을 알 수 있다.

❹ 기존주택매매건수가 늘어나면 주택 실수요 증가, 경기 회복 등을 예단해 볼 수 있다.

강현수어록

원하는 것을 얻으려면 희생이 필요하다.

■발표일
매달 넷째 주

종목분석

종목	시간	고가	저가	종가	거래계약	추세	만기일

손익결과 $ _____ 원

금일 거래내역 요약

강현수어록

돈 잃는 법을 깨쳐야 성공한다.

8 주택착공건수 (Housing Starts)

■ **정의**

국민주택 허가 건수와 착공 건수 등을 집계한 지표이다.

■ **주택착공건수의 중요성**

❶ 주택착공건수는 주택시장지수와 함께 주택시장의 미래를 예측할 수 있다.

❷ GDP에 비중 있게 반영되는 기업설비 투자와 연동되는 경우가 많으므로 정교하게 검토해야 되는 중요 지표 중 하나이다.

■ **발표일**

매달 중순

강현수어록

이길 수 있는 게임만 베팅하라.

9 소비자 신뢰지수 (Consumer Sentiment)

■ 정의

❶ 미시간주립대에서 설문조사를 행하여 매달 예비치와 확정치를 발표한다.

❷ 소비자의 소비심리를 파악할 수 있는 지표 중 하나이다.

■ 소비자 신뢰지수의 중요성

❶ 경기선행지수의 의미로 해석되기도 한다.

❷ 소비자들에게 설문조사로 직접 소비자들의 트렌드를 읽을 수 있으므로 시장에 미치는 영향이 매우 크다.

❸ 컨퍼런스 보드의 소비자 신뢰지수는 노동·고용 중심의 설문 데이터이다.

❹ 미시간주립대의 소비심리지수는 재무적인 부분의 포지션이 크기 때문에 소비와 직접 연관성이 있어 더욱 비중이 높다.

강현수어록

시장은 신이다.

■ 발표일

예비치 : 매월 두 번째

확정치 : 매월 네 번째

실전 Tip

종목분석

종목	시간	고가	저가	종가	거래계약	추세	만기일

손익결과 $ _____ 원

금일 거래내역 요약 _____

- -
- -
- -
- -
- -
- -
- -

강현수어록

진정한 고수는 손절도
즐긴다.

10 소비자 기대지수
(Consumer Confidence)

■ 정의

소비자 기대지수는 매월 5000여 가구를 표본으로 하여 설문조사를 통해 집계한 지표이다.

■ 소비자 기대지수의 중요성

❶ 소비자 기대지수는 현재 경기수준, 6개월 후 경기예측, 고용, 6개월 후 고용예측, 6개월 후 예상소득에 대한 설문 조사이다.

❷ 소비자 기대지수는 소비자들이 느끼는 현재와 미래의 경기를 알 수 있다.

❸ 소비와 고용까지 예단이 가능하기 때문에 지수와 연동해서 움직이는 중요지표 중의 하나이다.

■ 발표일

매월 마지막 주 화요일

강현수어록

매매 기법은 간단해야 하고 승률이 높아야 한다.

11 내구재주문 (Durable Goods Orders)

■ **정의**

❶ 3년 이상 유지가 되는 내구재의 제조 및 선적에 대한 신규주문을 나타낸다.

❷ 대표적으로 자동차나 전자제품 등이 이에 해당된다.

■ **내구재주문의 중요성**

❶ 내구재주문은 제조업지수의 선행지표로 활용된다.

❷ 시장이 향후 전망이 밝고 제조업의 업황이 좋아지기 위해서는 이 지표가 좋게 나와야 한다.

■ **발표일**

매달 넷째 주

강현수어록

어떤 장이든 수익을 낼 수 있는 비책을 가져라.

12

제조업수주, 공장주문건수 (Factory Orders)

■정의

❶ 내구재와 비내구재의 신규주문 건수를 나타내는 지표이며 제조업의 가동률을 나타내는 데이터이다.

❷ 제조업 수주, 공장주문건수는 제조업의 모든 중요 정보를 담고 있기 때문에 금융시장에 미치는 영향이 매우 크다.

❸ 함께 발표되는 도매재고는 GDP 예단의 근거로 이용된다.

❹ 내구재 : 자동차, 전자제품 등

비내구재 : 의류 등

■제조업 수주, 공장주문건수의 중요성

❶ 제조업 수주가 늘어난다는 것은 제조업 경기의 호황을 의미한다.

❷ 함께 발표되는 도매재고는 GDP를 예단할 때 쓰는 데이터로도 활용되므로 중요한 지표 중 하나이다.

강현수어록

투자는 인생과 같다.

❸ 도매재고가 확대된다는 것은 소매에서 판매가 축소 된
다는 것을 말하므로 경기 침체가 높다는 의미이다.

■ 발표일
매월 첫 번째 주

실전 Tip

종목분석

종목	시간	고가	저가	종가	거래계약	추세	만기일

손익결과　　　　　　　　　　　　　　　$ _____ 원

금일 거래내역 요약 _____

강현수 어록

모든 것은 변한다.

13 ISM 제조업지수 (ISM Mfg Index)

■ 정의

❶ 미국 30개 제조업체 구매 담당자들이 느끼는 체감 경기를 바탕으로 데이터화 해서 만든 지표이다.

❷ 실물경제의 대표적인 선행지표이기도 하다.

❸ 기준선은 50이며 50% 이상이면 제조활동 증가. 즉, 경기 확장, 50% 미만이면 제조활동 감소. 즉, 경기수축,

50% 미만으로 3개월 연속 지속되는 경우 경기 둔화를 점칠 수 있으며

44% 이하이면 경기후퇴를 나타내는 단계가 된다.

■ ISM 제조업지수의 중요성

❶ 미국의 ISM 제조업지수는 한국 수출의 약 6개월 정도 선행지표로 이용되기 때문에 중요지표 중 하나이다.

❷ 이 지표는 우리나라 경제와 아주 연관성이 깊기 때문에 상당히 중요하게 다루어진다.

강현수어록

겨울에 눈이 올 때 얼음을 얼려라.

■발표일
매월 첫 번째 거래일

종목분석

종목	시간	고가	저가	종가	거래계약	추세	만기일

손익결과　　　　　　　　　　　　　　　　　　$ _____ 원

금일 거래내역 요약 _____

강현수어록

여름에 햇볕이 쨍쨍 내리쬘 때 빨래를 말려라.

170

14 원유재고 EIA (EIA Petroleum Status Report)

■정의

미국 에너지 정보청 (EIA)에서 매주 원유, 가솔린, 정제유 등의 재고를 정기적으로 공시한다.

■원유재고의 중요성

❶ 유가의 등락에 상당한 영향을 미친다.

❷ 유가의 미래 수요를 예단하는 중요 지표 중 하나이다.

❸ 원유재고량은 산업생산과 연동되고 가솔린 재고량은 소비와 관련해서 예민하게 급·등락 하기 때문에 정교하게 검토해야 한다.

■발표일

매주 수요일

강현수어록

삼라만상의 모든 현상들이 모두다 차트 안에 녹아 있다.

15 ISM 비제조업지수, ISM 서비스업지수

■ **정의**

❶ ISM 비제조업지수는 서비스업을 바탕으로 전체 10개의 지수로 구성된다.

❷ ISM 지수는 산업활동, 신규주문, 공급자 배달, 재고, 고용, 가격, 신규수출주문, 수입, 체감잔고 등으로 구성되어 있다.

■ **비제조업 지수, 서비스업 지수의 중요성**

❶ 신규주문의 지수는 경기선행지수의 의미가 있다.

❷ GDP에 대한 기여도에 따라 산업별 가중치를 부여한다.

❸ ISM 지수는 50을 기준으로 해서 경기확장과 경기수축을 판단한다.

■ **발표일**

매월 첫 번째 주

강현수어록

추세 반전은 절대 개인
이 만들 수 없다.

16 산업생산 (Industrial Production)

■ 정의

❶ 미국의 산업생산여력과 산업생산을 취합한 자료이다.

❷ 지표와 가동률을 경기호황 경기불황의 징후를 예단하는 자료로 활용된다.

■ 산업생산의 중요성

❶ 산업생산 보고서와 설비가동률을 연준에서 중요하게 여기는 자료 중 하나이다.

❷ 산업생산은 경기에 민감하게 반응하기 때문에 정교하게 검토하고 소득 등을 예측하는 자료로도 활용된다.

❸ 산업생산 지수는 제조업(75.9%), 광업(14.5%), 유틸리티(9.6%)의 비중으로 데이터를 낸다.

강현수어록

이평선 수렴에서 파동이 시작된다.

■ 발표일

매월 중순

베이지북 (Beige Book)

■정의

❶ Beige Book은 은행장 등의 인터뷰를 통해 작성된다.

❷ 현재의 경제, 기업환경 등의 내용을 나타낸다.

❸ 연중에서 발표한다.

■베이지북의 중요성

❶ 우리나라 그린북과 같은 성격이다.

❷ FOMC 회의 결과의 예단이 가능하기 때문에 아주 비중 높은 보고서이다.

❸ 베이지북은 대부분 인터뷰를 통해서 작성된다.

■발표일

일 년에 여덟 번 발표

강현수어록

매매를 즐기는 사람이 이긴다.

5

해외선물 알기

해외선물 역사

CME (Chicago Mercantile Exchange) 약칭으로 알려져 있다. CME는 1874년 계란, 버터 등을 거래하였으며 1919년 소, 돼지 등을 거래하면서 시카고상업거래소 (Chicago Mercantile Exchange)로 개명했다. 1972년 5월 국제통화시장(IMM)을 개설하여 통화선물거래를 선도한 거래소이다.

cbot 시카고 상품거래소, 세계최초, 세계최대의 선물거래소이며 미국의 시카고에 위치 한다. 1884년 4월에 설립된 이래 전세계 곡물 선물 거래량의 약 80%를 차지하고 있다.

1975년 미국정부 보증 주택저당채권을 대상으로 금리선물거래를 시작 했고,

1977년에는 T-BOND 선물거래를 시작했으며,

1984년에는 아메리칸 증권거래소 (AMEX)의 MMI(Major Market Index)를 대상으로 선물거래를 도입했다.

1993년 기준으로 금융선물이 전체 거래의 76.3% 차지하고

강현수어록

수익의 기회를 세계로 넓혀라.

176

있다.

2013 런던 소재 CME유럽거래소(CMEEL)설립

2008 뉴욕상업거래소(NYMEX) 인수 완료

2007 시카고상품거래소(CBOT)와의 합병 완료

1999 최초의 날씨 선물계약 개시

1997 전자거래 소규모거래, 100% 전자선물계약인 'CME E-mini S&P 500지수 선물' 거래 개시

1992 전자거래 플랫폼 CME Globex 개시와 함께 최초의 전자선물계약 취급

1987 전자거래 플랫폼 CME Globex 개발착수로 전자선물거래의 시대시작

1982 'CME S&P 500지수 선물' 및 미 국채 선물의 최초 선물옵션 계약 개발

1975 최초의 금리 선물계약 제공

1972 7개 통화로 금융 선물계약 시작

1969 최초의 비곡물 거래 시작

1964 최초의 비정상 상품에 관한 농산물 거래시작

1961 최초의 냉동저장육 거래시작

1865 세계 최초의 선물 청산서비스 시작

1848 시카고에 세계 최초 선물거래소 설립

한국에서는 외환선물이 1998.4.15. 일부 시작 했다.

강현수 어록

해외선물은 세계경제의 그림자이다.

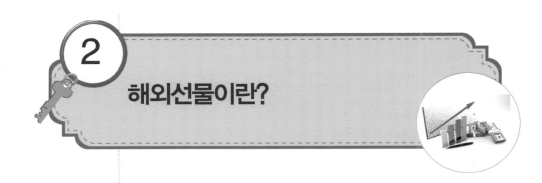

2 해외선물이란?

전세계 선물거래소에서 거래되는 금융선물 상품선물을 대상으로 거래하는 선물거래를 말한다.

예컨대 통화, 지수, 금리, 에너지, 귀금속, 비철금속, 농산물, 축산물 등의 상품이 있다.

품목	상품
통화선물	호주달러 영국파운드 캐나다달러 유로화 일본엔화 뉴질랜드달러 스위스프랑 E-mini유로화 E-mini엔화 Euro/JPYCross Euro/GBPCross 멕시코 페소 한국 원화 중국위안화
지수선물	E-mini S&P500 E-mini NASDAQ100 E-mini S&P Midcap400 S&P 500 NASDAQ100 E-mini Dow $25 Nikkei225 ($) Nikkei225 (¥)
금리선물	Eurodollar 미국 30년 만기 국채, 미국 10년 만기 국채, 미국 5년 만기 국채, 미국 2년 만기 국채
상품선물	원유(WTI) 천연가스 난방유 가솔린 미니원유 미니천연가스 품목 금 은 백금 팔라티움 구리 생우 비육우 돈육 옥수수(Corn) 대두유(Soybean Oil) 대두박(Soybean Meal0 귀리(Oats) 미곡(Rough Rice) 대두(Soybeans) 소맥(Wheat)

강현수어록

같은 듯 하면서 다르고
다른 듯 하면서 같다.

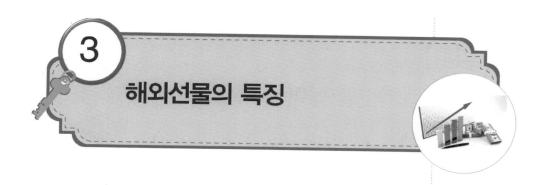

해외선물의 특징

1. 23시간매매가 가능하다.

2. 최대변동폭

3. 양방향 수익이 가능하다.

4. 증거금 40만원부터 시작이 가능하다.

5. 70여개 상품이 있다.

6. 한화로 매매 가능

해외선물과 주식과 국내선물의 차이점

	해외선물	주식	국내선물
거래시간	아침 8시 ~ 익일 아침7시까지 (약 23시간)	9시~3시30분	9시 ~ 3시 30분
증거금	40만 원부터	무제한	약 3천만 원
상품	700여개 상품	1800여개	단일상품
변동성	약 70%	30%	약 40%

강현수어록

실행을 즐기는 것이
답.

4 해외선물 용어

상품명세 관련

❶ 틱(Tick)

선물상품의 최소가격 변동폭을 의미

❷ 상품규모(Contact Size)

기초자산에 대한 선물거래의 규모를 의미. 예를 들어 금선물의 경우 상품규모는 금 100 oz 임.

❸ 틱가치(tick value)

최소가격변동폭(tick)에 따른 가치 변화 의미. 예를 들어 금선물의 최소가격변동폭(tick)은 0.1 달러이며 이에 따른 틱가치는 10불임.

결재관련

❶ 결재월(Delivery Month)

선물계약에서 실물인수도 상품의 경우 실물인수가 이루어지는 달. 현금결제 상품의 경우 현금 결재가 이루어지는 달을

강현수어록

즉흥적 매매는 결국 필패한다.

180

의미.

❷ 인도일자(Delivery Date)

실물인수도 상품의 경우 실물 인수가 현금결재 상품의 경우 현금 결재가 이루어 지는 날짜를 의미.

❸ 최초포지션일(FPD:Firs Position Day)

선물계약의 매도자가 실물을 인도하겠다는 공식적인 의사표시를 하는 첫 날을 의미.

❹ 최초통지일(FPD:Firs Notice Day)

거래소가 선물계약의 매입자에게 실물을 인수하도록 통지하는 최초의 날을 의미.

❺ 최초인도일(FPD:Firs Delivery Day)

최초로 인수도가 이루어지는 날로 통상FPD의 다음 날을 의미.

❻ 최종거래일(LTD: Last Trading Day)

해당 결제월의 선물계약이 거래되는 마지막 날을 의미.

❼ 최종인도(LTD: Last Delivery Day)

해당 결제월의 선물계약에 대한 실물인수도가 이루어지는 마지막 날을 의미.

강현수 어록

흔들림 없는 투자원칙을 세워라.

181

5

해외선물 주요상품별 특징

(1) 호주달러 AUD/USD

기초자산	AUD 선물은 호주달러/달러 환율을 대상으로 미리 사거나 파는 계약 CME (시카고 상업거래소)
증거금	달러: 1,650$ (마이크로 :165$)
계약단위	AUD 100,000(1호주 달러=957.60원)
호가단위	1틱 0.0001$
최소가격변동	틱벨류 10$ (1틱 수익나면)
거래시간	월~금 : 오전 7시 ~ 익일 오전 6시 (썸머타임 적용 1시간씩 앞당겨진 상태)
경제지표	호주 실업률 호주 고용변화 호주 주택 대출 변화율 호주 전일대비 소매판매 호주 무역수지 호주 기준금리발표 호주 전월대비 주택대출 호주 전분기대비 PPI RBA 총재 Stevens 연설

강현수어록

아무도 모른다. 그래서
내 원칙이 답이다.

(2) 영국파운드 GBP/USD

기초자산	CME GBP 선물은 영국파운드/미달러 환율을 대상으로 미리 사거나 파는 계약
증거금	달러: 2,640 $ (마이크로 :264 $)
계약단위	GBP 62,500(1파운드=1691.18원)
호가단위	1틱 0.0001 $
최소가격변동	틱벨류 6.25 $ (1틱 수익나면)
거래시간	월~금 : 오전 7시 ~ 익일 오전 6시 (썸머타임 적용 1시간씩 앞당겨진 상태)
경제지표	영국 전월대비 투입 생산자 물가지수 영국 전년대비 소비자물가지수 영국 자산 매입 시설 영국 기준금리 발표 영국 경상 수지 영국 전월대비 소매판매

강현수어록

모든 기법은 상황에 맞게 활용하라.

(3) 캐나다달러 CAD/USD

기초자산	CAD 선물은 캐나다달러/미달러 환율을 대상으로 미리 사거나 파는 계약 CME (시카고 상업거래소)
증거금	달러: 1,320 $
계약단위	CAD 100,000(1캐나다 달러=932.95원)
호가단위	1틱 0.0001 $
최소가격변동	틱벨류 10 $ (5틱 수익나면)
거래시간	월~금 : 오전 7시 ~ 익일 오전 6시 (썸머타임 적용 1시간씩 앞당겨진 상태)
경제지표	캐나다 중앙은행 기준금리 캐나다 전월대비 GDP 캐나다 산업생산품 가격지수 캐나다 전월대비소매판매 캐나다 실업률 캐나다 고용변화량 캐나다 전월대비 핵심CPI

강현수어록

추세에는 캔들추세 · 이 평선추세 · 가격추세가 있다.

(4) 유로달러 EUR/USD

기초자산	유로화/미달러 환율을 대상으로 미리 사거나 파는 계약
	CME (시카고 상업거래소)
증거금	달러: 2,950 $ (미니 :1,375 $, 마이크로 :275 $)
계약단위	EUR125,000 (1유로=1,383원)
호가단위	1틱 0.00005 $
최소가격변동	틱벨류 6.25 $ (1틱 수익나면)
거래시간	월~금 : 오전 7시 ~ 익일 오전 6시
	(썸머타임 적용 1시간씩 앞당겨진 상태)
경제지표	경제지표
	미국 제조업지수
	소비자신뢰지수
	FOMC 기준금리
	유럽 ECB 기준금리

강현수어록

세력이 움직이면 같이 움직여라.

(5) 엔달러 JPY/USD

기초자산	JPY 선물은 JPY/USD 환율을 대상으로 미리 사거나 파는 계약이다. CME (시카고 상업거래소)
증거금	달러: 3,300$ (미니 :1650$)
계약단위	JPY 12,5000,000 (1엔=973,70원)
호가단위	1틱 0,5$
최소가격변동	틱벨류 6,25$ (1틱 수익나면)
거래시간	월~금 : 오전 7시 ~ 익일 오전 6시 (썸머타임 적용 1시간씩 앞당겨진 상태)
경제지표	일본 BOK 기준금리 일본 전분기대비 GDP 일본 통화정책 의사록 일본 전년대비 소매판매 일본 전년대비 소비자물가지수

강현수 어록

알고 있는 지식을 깨달아야 한다.

(6) 뉴질랜드달러 NZD/USD

기초자산	NZD선물은 뉴질랜드달러/미달러 환율을 대상으로 미리 사거나 파는 계약 CME (시카고 상업거래소)
증거금	달러: 1540 $
계약단위	NZD 100,000 (1뉴질랜드 달러=848.98원)
호가단위	1틱 0.0001 $
최소가격변동	틱벨류 10 $ (1틱 수익나면)
거래시간	월~금 : 오전 7시 ~ 익일 오전 6시 (썸머타임 적용 1시간씩 앞당겨진 상태)
경제지표	뉴질랜드 RBNZ 글리 성명 뉴질랜드 금리발표 뉴질랜드 무역수지 뉴질랜드 NZIER 기업신뢰지수 뉴질랜드 전분기 대비 GDP(GDP q/q) 뉴질랜드 경상 수지

강현수 어록

장과 부딪치지 말라.

(7) 스위스프랑 CHF/USD

기초자산	CHF선물은 CHF/USD 환율을 대상으로 미리 사거나 파는 계약 CME (시카고 상업거래소)
증거금	달러: 3438 $
계약단위	CHF 125,000 (1스위스 프랑=1,101.20원)
호가단위	1틱 0.0001 $
최소가격변동	틱벨류 12.5 $ (1틱 수익나면)
거래시간	월~금 : 오전 7시 ~ 익일 오전 6시 (썸머타임 적용 1시간씩 앞당겨진 상태)
경제지표	스위스 중앙은행 기준금리 스위스 KOF 경제지표 스위스 제조업 PMI 스위스 전월대비 CPI

강현수어록

심리에서 이겨야 한다.

(8) S&P 500

기초자산	S&P500 주가지수는 세계적으로 유명한 신용평가회사인 Standard & Poorst社가 미국 주식시장에 상장된 500여개 우량 주식으로 구성한 지수이다. S&P500 주가지수의 산출방식은 시가 총액식이라고 하여, 세계 여러 나라의 주요 주가지수 산출방식의 모델역할을 하고 있으며, 우리나라의 KOSP1200 주가지수도 이와 유사한 방식으로 산출되고 있다. CME (시카고 상업거래소)
증거금	달러: 25,300 $ (미니 :5,060 $)
계약단위	S&P500 index * USD 250
호가단위	1틱 0.1 지수포인트
최소가격변동	틱벨류 25 $ (1틱 수익나면)
거래시간	월~금 : 오전 7시 ~ 익일 오전 6시 (썸머타임 적용 1시간씩 앞당겨진 상태)
경제지표	미국 제조업지수 미국 소비자신뢰지수 미국 실업률 미국 무역수지 미국 ISM 비제조업 구매관리자 지수

강현수 어록

장이 쉼을 요구할 땐 쉬어라.

(9) Nikkei225

기초자산	Nikkei225 주가 지수는 일본 도쿄증권거래소에 상장기업으로 구성된 주가 지수이며 이 중 일본경제신문에서 작성한 225개 기업을 기초로 작성된 것이 Nikkei225 주가 지수이다. CME (시카고 상업거래소)
증거금	달러:4290 $
계약단위	Nikkei225 (Dollar) index * USD 5
호가단위	1틱 5 지수포인트
최소가격변동	틱벨류 25 $ (1틱 수익나면)
거래시간	월~금 : 오전 7시 ~ 익일 오전 6시 (썸머타임 적용 1시간씩 앞당겨진 상태)
경제지표	일본 BOJ 기준금리 일본 전분기대비 GDP 일본 통화정책 의사록 일번 전년대비 소매판매 일본 전년대비 소비자물가지수

강현수어록

흠런 타자는 함부로 방망이를 휘두르지 않는다.

(10) 금 GOLD

기초자산	순도 99.5% 이상으로 정제된 Bar 형태여야 하며 각 거래소가 승인한 제련업자의 도장이 찍힌 금 이여야 실물인수도가 가능한 상품이 기초자산으로 거래 CME (시카고 상업거래소)
증거금	달러: 4620 $
계약단위	100온스
호가단위	1틱 0.1 $
최소가격변동	틱벨류 10 $ (1틱 수익나면)
거래시간	월~금 : 오전 7시 ~ 익일 오전 6시 (썸머타임 적용 1시간씩 앞당겨진 상태)
경제지표	경제지표 미국 제조업지수 미국 소비자신뢰지수 FOMC 기준금리 유럽 ECB 기준금리 미국 실업률

강현수어록

가볍게 맞아주고 정확하게 때려라.

(11) 구리(Copper)

기초자산	적색광택을 가진 금속으로 전기전도율은 금속 중에서 은 다음으로 좋으며 전선이나 열선의 주재료로 사용 CME (시카고 상업거래소)
증거금	달러:3025$
계약단위	25,000파운드
호가단위	1틱 0.05$
최소가격변동	틱벨류 12.5$(1틱 수익나면)
거래시간	월~금 : 오전 7시 ~ 익일 오전 6시 (썸머타임 적용 1시간씩 앞당겨진 상태)
경제지표	미국 제조업지수 미국 소비자신뢰지수 FOMC 기준금리 유럽 ECB 기준금리 미국 실업률

강현수 어록

밀짚모자는 겨울에 사고
털장갑은 여름에 사라.

(12) 크루드오일 Crude Oil

기초자산	원유는 미국 서부 텍사스 지역에서 생산되는 중질유 WTI(WESTERN TEXAS INTERMEDIATE) CME (시카고 상업거래소)
증거금	크루드 오일: 2970 $
계약단위	1,000배럴 (1배럴=15839리터)
호가단위	1틱 USD 0.01
최소가격변동	틱벨류 10 $ (=0.01*1000)
거래시간	월~금 : 오전 7시 ~ 익일 오전 6시 (썸머타임 적용 1시간씩 앞당겨진 상태)
경제지표	미국 EIA 주간석유재고 (Crude Oil Inventories) — 공표처: Energy Information Administration. 주 종료 후 5일 후 　발표(주간) — 미국 에너지 관리국이 공표하는 지난주 동안의 상업회사의 원 　유 재고량 — 발표치의 시장영향력은 매우 큼

강현수 어록

실전프로는 감정의 기복을 보이지 않는다.

(13) Natural Gas

기초자산	천연가스는 천연적으로 지하로부터 발생하는 가스로 탄화수소를 주성분으로 하는 가연성 가스에 한정된다. CME (시카고 상업거래소)
증거금	달러:2090 $
계약단위	1,000mmbtu
호가단위	1틱 USD 0.001
최소가격변동	틱벨류 10 $
거래시간	월~금 : 오전 7시 ~ 익일 오전 6시 15분 (썸머타임 적용 1시간씩 앞당겨진 상태)
경제지표	미국 EIA 주간천연가스재고 — 공표처: Energy Information Administration. 주 종료 후 5일 뒤 발표(주간) — 지하매장 천연가스량의 변화를 나타내며, 미국 지표이나 막대한 캐나다의 에너지 분야 규모에 따라서 캐나다달러가 가장 큰 영향을 받음 — 발표치의 시장영향력은 명확치 않음

강현수 어록

장이 시작되면 나는 '기계'로 변한다.

(14) 옥수수 CORN

기초자산	옥수수는 미국 농림부 장관이 지정한 No.1~No.3 등급의 노란 옥수수를 취급하며 습기는 15% 이하를 유지해야 한다. CME (시카고 상업거래소)
증거금	달러:825 $
계약단위	5,000 부쉘 (1부쉘=27.2KG)
호가단위	1틱 0.25
최소가격변동	틱벨류 12.5 (1틱 수익나면)
거래시간	월~금 : 오전 9시 ~ 익일 오전 3시 15분 (썸머타임 적용 1시간씩 앞당겨진 상태)
경제지표	- 미국 FOMC 기준금리 미국 비농업부분 고용자수 변동

강현수 어록

쉬는 것도 투자다.

(15) 대두·콩 SOYBEANS

기초자산	미국 농림부 장관이 지정한 No.1~No.3 등급의 노란 대두를 취급하며 습기는 14% 이하를 유지해야 한다. CME (시카고 상업거래소)
증거금	달러:2310$
계약단위	5,000 부쉘 (1부쉘=27.2KG)
호가단위	1틱 0.25센트
최소가격변동	틱벨류 12.5 (1틱 수익나면)
거래시간	월~금 : 오전 9시 ~ 익일 오전 3시 15분 (썸머타임 적용 1시간씩 앞당겨진 상태)
경제지표	─ 미국 FOMC 기준금리 미국 비농업부분 고용자수 변동

강현수 어록

시장을 예측하지 말고 가는대로 따라가며 무리하지 말고 손절매 잘 하라.

(16) 밀가루 WHEAT

기초자산	밀이라고도 불리는 소맥은 미국 농림부 장관이 지정한 No.1과 No.2 등급의 소맥을 취급하며 습기는 13.5% 이하를 유지해야 한다. CME (시카고 상업거래소)
증거금	달러:1320 $
계약단위	5,000 부쉘 (1부쉘=27.2KG)
호가단위	1틱 0.25센트
최소가격변동	틱벨류 12.5 (1틱 수익나면)
거래시간	월~금 : 오전 9시 ~ 익일 오전 3시 15분 (썸머타임 적용 1시간씩 앞당겨진 상태)
경제지표	― 미국 FOMC 기준금리 미국 비농업부분 고용자수 변동

강현수 어록

무릎에 사서 어깨에 팔아라.

종목분석

종목	시간	고가	저가	종가	거래계약	추세	만기일

손익결과 $ _____ 원

금일 거래내역 요약

강현수어록

리스크 관리는 아무도
대신해 주지 않는다.

Q&A 무엇이든 물어보세요

:: 투자 무엇이든 물어보세요!

 해외선물은 무엇인가요?

 전세계 곳곳의 선물거래소에 상장되어 거래되는 금융 선물 및 상품선물을 대상으로 하는 선물거래를 말합니다.

주가지수, 금리, 통화, 귀금속, 에너지, 농ㆍ축산물 등이 여기에 해당됩니다.

해외 선물의 특징에 대해서 말씀드리자면

23시간 매매가 가능하구요 세계에서 가장 큰 유동성을 보여주고요 최대의 변동폭을 나타내며 양 방향 수익이 가능합니다.

증거금은 약 40만원부터 매매가 가능하며 약 70여 개 상품이 있습니다. 또 국내 선물과 달리 우리나라 공휴일, 국경일에도 매매가 가능하다는 특징이 있습니다.

강현수어록

손절 잘하고 장이 수익 줄 때까지 기다려라.

해외선물 거래소 현황에 대해서 자세히 살펴주세요?

EUREX
유럽선물거래소
EURONEXT(LIFFE)
유럽국제금융선물거래소

LSE(FTSE)
런던증권거래소
LME
런던금속거래소
LIFFE(EURONEXT)
런던국제금융선물거래소
IPE(ICE)
국제석유거래소

BSE(CNX)
두바이증권거래소
NSE
인도증권거래소

SGX
싱가폴거래소

TSE
도쿄증권거래소
TOCOM
도쿄상품거래소
OSE
오사카증권거래소

HKFE
홍콩선물거래소

CME
시카고상업거래소
CBOT
시카고상품거래소
NYMEX(NYME/COMEX)
뉴욕상업거래소
ICE(NYBOT)
대륙간거래소

BM&F
브라질선물거래소

SFE
시드니선물거래소

■ 국내투자자 해외선물 거래의 80%가 CME Group(CME + CBOT+NYMEX)과 SGX 거래소에 집중
되어 있음.

해외선물은 어떤 상품을 이야기합니까?

품목	상 품
통화선물	호주달러 영국파운드 캐나다달러 유로화 일본엔화 뉴질랜드달러 스위스 프랑 E-mini유로화, E-mini엔화 Euro/JPYCross Euro/GBPCross 멕시코패소 한국원화 중국위안화
지수선물	E-mini S&P500 E-mini NASDAQ100 E-mini S&P Midcap400 s&P 500 NASDAQ100 E-mini Dow Big Dow $25 Nikkei225 ($)Nikkei225(¥) 항셍지수
금리선물	미국 30년 만기 국채, 미국 10년 만기 국채, 미국 5년 만기 국채, 미국 2년 만기 국채

강현수어룩

같은 듯 하면서 다르고
다른 듯 하면서 같다.

상품선물	원유(WTI) 천연가스 난방유 가솔린 미니원유 미니천연가스 품목 금 은 백금 팔라티움 구리 생우 비육우 돈육 옥수수(Corn) 대두유(Soybean Oil) 대두박(Soybean Meal) 귀리 (Oasts) 미곡(Rough Rice) 대두(Soybeans) 소맥(Wheat)

예를 든 상품 이외에도 추가로 거래할 수 있는 상품이 다양하게 상장되고 있는 추세입니다.

 해외선물도 헷지거래가 가능한지요?

예. 가능합니다. 예컨대 유로달러 1계약과 유로달러마이크로 10계약을 다른 방향으로 보유하면 헷지가 되구요, 크루드오일 1계약과 미니크루드오일 2계약을 다른 방향으로 보유하면 헷지가 가능합니다.

 유로달러를 매매하고 싶은데, 레버리지가 몇 배인지요?

유로달러 레버리지는 약 60배입니다. 그리고 각 상품별로 레버리지가 조금씩 상이합니다. 다양한 상품의 레버리지는 CME에서 수시로 변경하여 고지하기도 하기 때문에 항상 고정되어 있는 것은 아니고, 상품의 변동성이 크게 움직이면 레버리지를 낮게 조절하고 상품의 변동 폭이 줄어들면 레버리지는 높게 조정하는 경향이 있습니다. 특히 해외선물은 레버리지가 크기 때문에 실전에 앞서 모의 투자로 철저히 내공을 키우고 난 후 실전 거래에 임하시길 권합니다.

국내선물은 현금결제라서 만기 때 신경을 안 썼는데 해외 선물은 실물인수도 결제가 많은 것 같은데 어떻게 해야 하나요?

 해외선물은 실물인수도 결제가 원칙이지만 대부분의 증권회사에서는 실물인수도 전에 만기 강제청산을 해서 현금화시켜 놓기 때문에 그 부분은 신경을 전혀 쓰지 않으셔도 된다 라고 말씀드릴 수 있겠습니다.

실물인수도란 선물 포지션에 대해서 만기일에 거래소가 지정한 창고를 통해서 매수자와 매도자가 실물을 인수하는 방식입니다.

해외선물의 주문 방식에 대해서 좀 알려주세요?

1)시장가 주문

가격을 지정하지 않고 시장에서 형성되는 가격으로 매매를 하고자 하는 주문입니다. 주문 즉시 체결시키고자 하는 경우 사용하며 원하는 가격보다 높거나 낮게 체결될 수 있음을 유념해 주시기 바랍니다.

2)지정가 주문

원하는 주문가격으로 지정하는 주문형태이며 가장 보편적으로 사용합니다. 단, 상대방의 가격과 맞지 않으면 체결되지 않을 수도 있습니다.

강현수어록

인내는 성공의 문을 연다.

3) Stop시장가 주문

지정가 주문의 반대로 가격을 설정하여 주문하는 방식으로 주문 매수의 경우 현재가보다 높은 가격에, 매도의 경우 현재가보다 낮은 가격을 지정하여야 하는 것입니다. STOP시장가 주문의 경우 가격이 도달하면 시장가 주문으로 전환되어 집행되는 특징을 갖기 때문에 원하는 가격보다 높거나 낮게 체결될 수 있습니다. 흔히 손절주문으로 활용되는 주문형태입니다.

4) Stop지정가 주문

주문방식은 Stop 주문과 동일하게 매수의 경우 현재가보다 높은 가격에, 매도의 경우 현재가보다 낮은 가격을 지정하여 주문하는 것입니다. 다만 시장가격이 Stop가격에 도달시 주문시 지정한 가격으로 집행되는 지정가주문으로 전환되어 집행되는 특징을 갖습니다.

5) OCO 주문

주문유형이 다른(지정가/STOP) 2개의 주문을 동시에 실행시켜 하나가 체결이 되면 다른 하나는 자동 취소되는 주문 형태입니다. OCO 주문 하나를 취소하고 다른 주문은 Single order 로 전환됩니다.

해외선물 RollOver주문

RollOver주문이란 미결제약정 선물잔고를 청산함과 동시에 다음 근월물 선물을 잔고로 편입하는 시장가 주문입니다. 예를들어 현재 ESZ12(E-mini s&P 500 2012년 12월물) 매수 1계약을 시장가 청산하고 ESH13(E-mini S&P 500 2013년 3월물) 1계약을 시장가로 매수하여 미결제약정을 차근월물로 이월하게 됩니다.

 저는 투자경력이 10년인데요 종목 진입과 익절은 잘하는데 손절을 못해서 낭패를 보기일 수 있습니다. 손절이 왜 어려울까요?

손절은 투자를 하다보면 반드시 하게 되는데 손절을 못하는 이유는 진입시 명확한 매매 기준이 없기 때문입니다. 또 항상 내가 장을 이길 수 없다라는 겸손한 마음을 가지고 매매에 임해야 하는데 그런 마인드가 없이 아만, 아집, 아상과 탐욕에 사로 잡혀서 자신의 심리를 잘 컨트롤 하지 못했기 때문에 일어나는 일이라고 판단이 됩니다. 그리고 결정적으로 개인 투자자들이 손절을 잘 못하는 이유는 손절처리 후 내가 다른 종목으로 수익을 낼 수 있다는 명확한 비책이 없기 때문입니다.

내가 수익을 낼 수 있다면 가벼운 손절은 언제든지 할 수가 있을 것입니다. 작은 손실을 인정하고 다른 종목에 들어가서 더 큰 수익을 올리면 되는데 그런 자신과 내공이 없기 때문에 작은 손실을 큰 손실로 키우며 그냥 무대책으로 대응하는 경우가 많습니다. 그래서 앞으로 투자를 할 때는 반드시 진입시

강현수 어록

잃으면서 지혜를 터득한다.

손절, 익절 시점을 명확히 정하고 진입해 들어가라고 조언을 해 드리고 싶습니다. 손절이 어려우면 미리 스탑로스를 걸어 놓는 방법도 실천해 보시기 바랍니다. 물론 손절은 적게하고 안 하면 더 좋겠지요. 그래서 강현수는 이렇게 이야기 합니다. 꼭 필요한 손절은 부득이 해야 하겠지만 가능하면 손절을 줄여라. 무슨 말이냐 "손절을 손절하라." 그래서 "맥점을 찾는 내공을 키워라"라는 말씀을 드립니다.

 해외선물 용어 중에 개시증거금, 유지증거금, 추가증거금이 있는데 무엇을 말하나요?

- 개시증거금:선물포지션에 진입을 할 때 필요한 증거금을 의미합니다.
- 유지증거금:선물계약의 포지션 유지하기 위한 최소한의 증거금을 말합니다.
- 추가증거금:보유중인 선물포지션에 손실이 발생할 때 포지션을 유지하기 위한 추가적인 증거금을 말합니다.

 저는 비교적 열심히 투자공부를 하고 투자에 신경을 많이 쓰는데도 불구하고 수익이 잘 나지 않는데 무엇이 잘못 된 건가요?

 대체적으로 개인 투자자들의 투자습관을 자세히 살펴보면

첫째, 자신만의 명확한 투자원칙이 없고

둘째, 어떤 투자원칙이 성공 확률이 높아야 함에도 불구하고 검증이 안 된 자신만의 나름대로의 막연한 성공 확률이 확보되지 못한 투자 습관을 가지고 반복해서 실패한 매매를 반복하는 사람이 많고

셋째, 손실보다 수익이 더 큰 투자를 해야 하는데 그 반대의 투자 습관도 단점으로 지적할 수 있습니다.

넷째, 자신의 포지션이 어느 정도의 손실구간에 진입하면 손절을 단행해야 하는데 손실확정이 두려워서 손절을 잘 못하다 보니깐 적은 이익 큰 손실로 이어지게 하는 투자습관이 치명적인 잘못이라고 말할 수 있겠습니다.

 그래프에서 월봉, 주봉, 일봉, 분봉 등이 있는데 어떤 봉이 가장 중요합니까?

 봉의 중요성에 대해서 설명 드리자면 상위봉 우선 원칙에 대해서 설명 드리면 이해가 빠를 것 같습니다.

즉, 기간이 긴 봉을 기간이 짧은 봉보다 더 "중요하다"라고 이해를 하시면 됩니다.

기간이 긴 봉의 가격 움직임은 기간이 짧은 봉보다 큰 자금 유입을 뜻하므로 장기 봉이 더 중요합니다.

즉, 연봉 〉월봉 〉주봉 〉일봉 〉분봉이라고 말할 수 있으며 간단히 말하자면 상위봉 우선의 원칙이라고 정의를 내릴 수 있겠습니다.

강현수어록

요행을 바라는 매매는 결국 필패한다.

해외선물 상품 중 스텐더드와 미니, 마이크로 등이 있는데 차트는 똑같은가요?

 해외선물 상품은 상품에 따라 좀 다르지만 똑같은 상품이라도 스텐더드와 미니, 마이크로 등으로 나뉘는데 각 상품의 증거금만 다르다고 보면 될 것입니다. 차트는 큰 사이즈, 작은 사이즈 다 똑같습니다.

 해외선물 거래 시간이 변경되는 경우도 있나요?

 해외선물의 거래시간은 썸머타임이 시행될 때는 1시간 일찍 시장이 열립니다.

 그래프를 보면 일봉, 주봉, 월봉, 분봉 등 여러 가지 그래프가 있는데, 각각의 그래프는 어떻게 다른가요?

 그래프의 기본 구성요소는 캔들, 거래량, 이동평균선인데 봉을 분단위로 쪼개어서 가격의 움직임을 나타내는 것이 분봉이고, 하루 하루의 가격 움직임을 나타낸 것이 일봉이고, 주봉은 움직임은 가격의 주별 움직임, 월봉은 매월 가격의 움직임을 나타낸 것이라고 보시면 됩니다.

 추세와 파동은 어떻게 다른가요?

 추세는 작은 파동이 여러 개 모여서 하나의 큰 추세가

만들어집니다. 추세는 파동보다는 거시적인 개념이며 파동은 단기, 추세는 장기의 흐름이라고 표현을 할 수도 있겠습니다. 추세를 보고 매수의 마인드로 접근할 것인지 매도의 마인드로 매매의 방향을 잡을 것인지를 판단합니다. 매매를 할 때 어느 자리에서 맥점을 잡아서 진입할 것인지를 결정하면 됩니다. 참고로 덧붙이면 파동보다 더 작은 시세의 움직임이 캔들입니다.

 크루드 오일은 어느 나라에서 공급되는 기름을 말하나요?

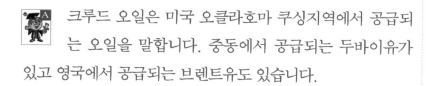

크루드 오일은 미국 오클라호마 쿠싱지역에서 공급되는 오일을 말합니다. 중동에서 공급되는 두바이유가 있고 영국에서 공급되는 브렌트유도 있습니다.

 영어를 잘 알아야 하나요?

영어를 잘 알지 못해도 해외선물 매매를 하는 데는 전혀 문제가 되지 않습니다. 우리나라 주식 투자자의 경우 약 5분 정도만 HTS(가정용컴퓨터)를 검토하신다면 쉽게 매매를 할 수가 있구요, 주식과 거의 같으며 예컨대 우리나라 삼성전자가 제목으로 나오는 현재가 창에 해외선물은 금(GOLD) 이런 식으로 제목만 다르고, 차트, 매수, 청산방법은 똑같습니다.

강현수어록

나 다운 매매를 행하라.

유로달러가 1.3609라고 하는데 이것은 무엇을 의미하나요?

 1유로를 달러로 표시한 것입니다.

예컨대 1유로당 1.3609 달러의 가치를 말합니다. 유로
의 가치가 상승하면 유로달러는 올라가고 유로의 가치가 하
락하면 내려간다고 이해하시면 됩니다. 유로 달러는 매매시 1
계약 증거금이 약 250만 원 정도이며 틱밸류 즉 한틱 수익이
나면 약 6.25 $ 정도 수익이 나는 것이고 거래시간은 아침 8시
부터 익일 아침 7시까지이며 만기는 3,6,9,12월 물이 있는데 3
째 주 수요일 2 영업일 전이 만기입니다. 만기일은 굳이 외우
실 필요는 없습니다. HTS 현재가 창에 각 상품별로 다 표시되
어 있기 때문에 참고하시면 좋겠습니다.

 저는 국내선물만 매매해 왔는데 국내지수 상품과 유사한 상
품이 있는지요?

지수상품으로는 니케이 225, S&P500, 나스닥. 등이 있
는데, 우리나라 코스피는 약 3년 동안 BOX권인데 반하
여 니케이 225, S&P500, 나스닥 지수는 뚜렷한 방향성을 보여
주며 추세가 뚜렷해서 매매하기가 용이합니다.

지수 선물 중 일반적으로 매매를 많이 하고 있는 미니 "나
스닥상품" 에 대해서 설명 드리자면 1호가 상승시 5불의 수익
이 납니다(한화 약 5000원) 거래시간은 아침 8시부터 익일 7시
까지이며 코스피 선물처럼 현금결제를 합니다. 만기는 3, 6, 9,

12월 셋째 주 금요일이 만기일입니다.

 상승 반전 캔들 중 해외선물 실전매매 잘 맞는 캔들을 좀 알려주세요?

• 상승반전 캔들

• 하락반전 캔들

 기술적분석에서 추세를 누구나 이야기 하는데 추세는 정말 중요한가요?

추세의 중요성에 대해서 시장에서는 "항상 추세에 편승하여 거래하라, 추세에 역행하지 말라, 추세는 바로 당신의 친구이다"라는 말로서 추세를 강조합니다. 사실 해외선물 실전 매매의 경험이 많아 해외선물의 특이한 생리를 잘 아는 실전프로 트레이더는 상승·하락·박스·굴곡 구간 즉,

강현수어록

실전프로는 자신을 의심하지 않는다.

211

4개의 모든 추세와 파동구간에서도 수익을 낼 수 있는 비책이 존재합니다. 물론 초급, 중급 수준의 초보 투자자는 추세가 답일 수 있습니다.

 글로벌 투자 시장에서 유동성지표를 간단히 체크해 보려면 어떤 지표를 봐야 하나요?

 달러인덱스, 엔화인덱스, 유가, S&P 500, 미국 10년물 국채, 금 등의 가격흐름을 파악하면 글로벌 투자시장의 유동성을 쉽고 간단하게 파악할 수 있을 것입니다.

 해외선물 거래시간이 미국시장 썸머타임 적용이 시작될 때 어떻게 변경이 되나요?

 미국시장이 우리나라 3월경에 썸머타임으로 인한 개장 시간과 폐장시간이 각각 1시간씩 앞당겨지므로 해외선물 거래시간도 기존 오전 8시~익일 오전 7시까지 1시간 앞당겨서 거래가 시작됩니다.

 해외선물 매매의 초심자인데요 손절매의 종류에 대해서 좀 알려주세요?

 손절매는 매매를 하다보면 반드시 하게되는데 투자자 개인이 자신의 상황에 알맞은 손절매 기준을 가지고 손절매를 행하여야 합니다. 손절매의 종류로는 시간의 손절매, 심리의 손절매, 금액의 손절매, 상황의 손절매로 나눠볼 수 있겠습니다.

 해외선물 매매를 할 때 손절과 익절의 비율은 어떻게 잡는 것이 좋나요?

 손절과 익절의 범위는 지지선과 저항선을 고려하여 정하는 것이 합리적이구요

단기매매는 1:3 또는 1:4

중기매매는 2:10 또는 3:20

장기매매는 5:50 또는 10:100

으로 볼 수 있구요, 물론 개인의 매매 방법에 따라서 달라질 수도 있습니다.

 5일 이동평균선은 어떻게 만들어지나요?

 이동평균선은 가격을 정확히 예측하기 위해 가격의 불규칙함을 제거하고 일정기간 동안 변동치를 순차적으로 합산한 수치를 해당 분석기간의 수치로 나누어 얻은 평균가격을 선으로 나타낸 것을 말합니다. 쉽게 풀어서 설명드리자면

오늘 5일선은=오늘의 종가+2일전 종가+3일선 종가+4일전 종가/5 공식으로 5일선을 만들 수 있고 같은 방법으로 20일선 60일선 240일선 등의 이동평균선을 만들 수 있습니다.

강현수어록

투자자의 혈액형은 I형이다.

통화 바스킷에 대해서 좀 알려주세요?

 미국 41.7%, 유로 30.9%, 위안화 10.9%,

엔 8.3%, 파운드 8.1%

 통화정책과 재정정책은 어떻게 다른가요?

 통화정책은 중앙은행에서 시장에 돈을 뿌려서 경기를 살리기 위해서 시행하는 것이구요, 재정정책은 정부 주도로 고속도로, 철도 등을 건설하며 경기부양 분위기를 조성하는 것을 말합니다. 즉 '시장에 양분을 뿌려서 시장의 잠재력을 키우는 작업이다.' 라고 말할 수 있겠습니다.

 국가별 주요 경제지표에 대해서 설명해 주세요?

미 국	유 럽
1. 고용지표 (비농업부문고용/실업률 外)	1. 독일 ZEW 서베이(경제성장예상)
2. 제조업지수	2. 독일 IFO 기업환경지수
3. 주택지표(기존/신규/잠정)	3. PMI 제조업 및 서비스 지수
4. 소매판매	4. 소매판매
5. 소비자 기대지수(미시간대)	5. ECB 금리결정
6. FOMC 금리결정	
7. 베이지북	

※ 유로존 3大 경제국 中 선두국가인 독일의 경제지표에 대한 상대적 중요도 높습니다.

※ 모든 통화쌍의 결제통화이자 상대 통화인 USD방향을 결정하는 美 경제지표는 중요도가 높습니다.

※ 대중국 무역의존도가 높기에, 중국지표 (GDP, 제조업 PMI, HSBC Markit 제조업PMI 등의 중요도 역시 높은 상관관계가 있습니다.

일 본

1. 실업률
2. 단칸 대형 제조업지수
3. BOP 경상수지
4. 3차 산업지수
5. 광공업 생산
6. BOJ 금리결정

호 주

1. 소매판매
2. 웨스트팩 소비자 기대지수
3. 실업률
4. 무역수지
5. RBA 금리결정

※호주는 풍부한 원자재(광산 등)의 산지이기에 호주달러는 상품통화로 인식됨. 따라서 2대 원자재 소비국인 중국의 지표에 대한 움직임 역시 밀접한 관계가 있습니다.(GDP, 제조업 PMI, HSBC Markit 제조업PMI 등의 중요도 역시 높은 상관관계가 있습니다.)

영 국

1. PMI 제조업
2. 광공업 생산
3. 제조업 생산
4. ILO 실업률
5. 소매판매
6. BOE 금리결정

 해외선물을 공부를 하고 있는데 FRB라고 나오는데 무슨 뜻이며 해외선물에 어떤 영향을 미치나요?

FRB(Federal Reserve Board of Governors)

미국 연방준비제도의 중추적 기관으로, 12개 연방준비은행을 관할하는 역할 등을 합니다. FRB(Federal Reserve Board of Governors or Board of Governors of the Federal Reserve System), 즉 연방준비제도이사회는 미국 연방준비제도(Federal reserve System)의 중추적 기관으로, 1914년 발족하였습니다. 본부는 워싱턴 D.C.에 있습니다.

미국의 경제·금융 정책의 결정과 실행에 있어 핵심적 역할을 하는 기구로서, 특히 FRB의 금리정책은 전세계 통화의

강현수어록

수익을 내는 비책을 가지고, 손절 잘하면 실전고수.

시세에 직접적인 영향을 줄 수 있습니다.

주요임무는 미국 전역의 12개 연방준비은행(Federal Reserve Banks) 들을 총괄하여 감독하는 일로 공정할인율, 예금준비율의 변경 및 공개시장 조작, 연방준비권의 발행과 회수 감독 기능을 합니다. 또 재할인율 등의 금리 결정, 지급준비율 조절을 통한 통화량 결정, 달러 발행, 주식거래에 대한 신용규제, 가맹은행의 정기예금 금리 규제 등의 권한을 행사합니다. 여타 국가에서 중앙은행의 역할을 하는 연방준비은행들을 관할하는 기관이지만 실제로는 미국 정부의 통제를 받지 않는 독립적인 민간기관입니다.

FRB는 7명의 이사로 구성되며, 임기는 14년(2년에 1명씩 교체, 재임불가)입니다. 이사들은 미국대통령이 임명하고 상원에서 승인하지만 이는 형식적인 절차에 불과합니다. 한편 의장과 부의장의 임기는 4년이며, 연임이 가능합니다.

FRB에서 금리를 올리면, 특히 통화상품이 달러대비 약세로 가고, 금리를 인하하면, 달러대비 타 통화상품대비 강세로 가는 특징이 있는데, 때로는 반대로 움직이는 경우도 가끔 있습니다.

 세계 경제 규모 순위를 좀 알려주세요?

 세계은행(World Band)에 따르면 미국이 약 18조 1,247억달러, 중국이 약 11조 2,119억 달러, 일본이 약 4조

2103억 달러, 독일이 약 3조 4,134억 달러로 2015년을 기준으로 보면 미국, 중국, 일본, 독일 순으로 볼 수 있겠습니다.

 유로존은 몇 개국 입니까?

 28개국이 유럽연합이고 이 중에 유로존이 19개 국가에서 유로화를 사용하구요, 나머지 9개 국가는 유로를 사용하지 않습니다.

 중국 제조업 PMI에 대해서 좀 알려주세요?

 중국물류구매연합회(CFLP)와 HSBC가 발표하는 두 종류가 있는데요 CFLP의 경우 대기업 위주의 통계이며 HSBC의 경우 중소기업이 대부분을 차지합니다.

한국은 PMI를 별도로 산출하지는 않는데요 비슷한 지표로는 한국은행, 전국경제인연합회 등에서 조사 발표하는 기업경기 실사 지수 〈BSI〉가 있습니다.

미국 PMI의 경우는 미국 구매관리자협회(NAPM)가 매달 약 300명의 회원에게 제조업 동향에 대한 설문을 실시해 산출하는 지수를 말합니다.

구매관리자 지수는 기업의 신규주문 생산 및 출하정도, 재고, 고용상태 등을 조사하여 각 항목에 가중치를 부여해 수치화한 것으로 지수가 50이상이면 제조업의 확장을 50이하는

강현수어록

진짜 성공은 실패 이후에 어떻게 하느냐에 따라 주어지는 선물인 셈이다.

수축을 의미합니다.

따라서 제조업의 정확한 성장율을 보여주기 보다는 전월과 비교한 상대적 호전여부를 판단하는데 사용됩니다.

 해외선물이 국내주식의 주가에도 영향을 미치는지요?

당연히 영향을 미칩니다. 예컨대 농산물 중에 밀가루, 콩, 옥수수 등은 우리나라에 음식료업종 즉, 농심, 오뚜기 등의 주가에 직접 영향을 미칩니다. 콩, 옥수수, 밀가루 등의 선물이 하락하게 되면 음식료 업종의 주가가 상승하는 경우가 많구요, 유가선물이 하락하면 기름을 많이 쓰는 항공주들이 상승하는 경우가 많습니다. 또 골드는 고려아연, 풍산의 주가를 선행한다고 볼 수 있습니다.

사실 해외선물의 모든 상품은 세계경제의 그림자 역할을 합니다. 그러므로 단순히 국내주식의 등락을 결정하는 요인에 앞서 글로벌 세계 모든 주식시장에 직접 영향을 미칩니다. 그러므로 세계경제를 알기 위해서도 해외선물을 알아야하고, 국내 주식 투자를 잘 하기 위해서도 해외선물은 필수가 되고 있는 실정입니다. 세계가 인터넷을 기반으로 하나가 되고 있는 작금의 현실을 볼 때 더욱더 제가 드리는 말씀에 공감하실 겁니다.

해외선물은 용의 머리, 미국, 중국, 유럽, 일본 시장은 용의 허리, 한국시장은 용의 꼬리로 볼 수 있다라고 단언합니다. 용

강현수어록

실패자는 자신을 100%
바꿔야 성공이 보인다.

의 머리가 어디로 움직이는지를 보면 용의 꼬리가 어떻게 움직일지 아는 것은 시간문제 일 것입니다. 그러므로 해외선물은 선택이 아닌 필수입니다.

 해외선물 실전매매를 하다보니 FOMC에 대해서 자주 이야기하는데 FOMC에 대해서 좀 알려주세요?

 FOMC(Federal open Marker Committee)

미국 연방공개시장위원회의 약칭으로 미국의 중앙은행인 연방준비제도이사회 산하에 있는 공개시장 조작정책의 수립과 집행을 담당하는 기구로 한국의 정책 결정기구인 금융통화위원회와 유사한 조직입니다. 총 12명의 위원으로 구성된 연방준비제도이사회 이사 7명과 지역연방은행 총재 5명입니다. 의장은 연방준비제도이사회 의장이 부의장은 뉴욕연방은행 총재가 맡구요, 매년 8회 정기회의 개최합니다.

금융상황에 관한 종합적인 분석과 연방준비제도이사회가 추진해야할 금융정책과 기본방향을 제시하며 현재 제롬파월이 의장으로 있습니다.

 해외선물 초보인데 기본적인 분석이 참 어려운 것 같습니다. 기술적 분석만으로도 수익이 가능한가요?

해외선물 투자시 분석 방법으로는 기본적 분석과 기술적 분석이 있는데, 기본적 분석은 개인들이 정보를 접하기도 어렵고 정보를 접했다고 해도 해석하기가 쉽지 않습

강현수어록

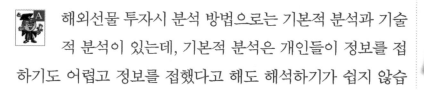
세상에 위험하지 않은 일은 없다. 단, 얼마나 잘 알고 행 하느냐의 차이 이다.

니다. 그래서 개인투자자들이 실전매매에 있어서 차트만 잘 분석을 해도 얼마든지 수익을 내는 매매를 할 수가 있으며 제도권 펀드매니저들도 거의 차트의 움직임에 따라 베팅을 하는 실정입니다.

지표 발표중에 PMI라는 말이 자주 나오는데 어떤 지표를 말하는 지요?

[Purchasing Manager's Index]

미국 구매관리자협회인 NAPM(National Association of Purchasing Management)이 매달 약 3백명의 회원에게 제조업 동향에 대한 설문을 실시해 산출하는 지수를 말하나, 통상 NAPM의 지수 자체를 가리키기도 합니다. 구매자관리자수는 기업의 신규주문, 생산 및 출하정도, 재고, 고용상태 등을 조사하여 각 항목에 가중치를 부여해 수치화한 것으로 지수가 50 이상이면 제조업의 확장을, 50이하는 수축을 의미합니다. 따라서 제조업의 정확한 성장률을 보여주기 보다는 전월과 비교한 상대적 호전 여부를 판단하는데 사용됩니다.

한편 중국의 PMI는 HSBC와 중국물류구매연합회CFLOP가 각각 발표합니다. 한국은 PMI를 별도로 산출하지 않는데, 비슷한 지표로는 한국은행, 전국경제인연합 등에서 조사 발표하는 기업경기실사지수(BSI)가 있습니다.

해외선물 입문자인데요 투자를 할 때 기본적인 분석과 기술적인 분석 중 어떤 것에 더 중점을 두고 투자를 해야 하나요?

주식시장이 약 400년 전에 네덜란드에서 처음 만들어진 이후에, 단기간에 가장 큰 수익을 올린 사람의 투자 방법을 데이터를 내보자면 거의가 다 기술적인 분석 즉, 차트를 바탕으로 투자를 한 사람들이 많습니다. 개인들이 해외선물시장에서 기본적인 분석을 한다는 것은 상당히 어려운 문제가 많습니다. 그렇기 때문에 내가 볼 수 있고 내가 분석 할 수 있고 내가 느낄 수 있고 관조할 수 있는 차트에서 매수, 매도, 익절, 맥점을 찾을 것을 권해드립니다.

 저는 국내선물 매매를 경험한 사람인데 해외선물의 손절매 폭은 어느 정도가 적당한지요?

 해외선물의 손절매 폭은 일정치가 않습니다. 왜냐하면 투자자가 단기 매매자인지, 중기 매매자인지, 장기 투자자인지에 따라서 손절매 기준 또한 달라집니다. 예컨데, 단기 매매자는 분봉을 참고해서 손절매 라인을 설정할 수 있고, 중기 매매자는 일봉을 보면서 손절매 기준을 잡을 수 있으며, 장기 매매자는 주봉과 월봉을 합성해서 손절라인을 설정할 수 있겠습니다.

 국내선물은 원화로 매매가 가능한데 해외선물은 달러로만 매매를 하는지요?

강현수어록

상승, 하락, 박스, 굴곡장 구분 후 매매에 임하라.

 해외선물은 달러로 매매를 할 수 있고 원화로도 매매가 가능합니다. 대부분의 증권회사에서 원화 대용서비

221

스를 제공하고 있기 때문에 굳이 환전을 하지 않아도 되며, 원화로 자유롭게 약 70여개 상품을 매매할 수가 있습니다.

저는 국내선물 투자를 하다가 해외선물에 관심을 가지는 초보자인데요 초보자에게 알맞은 상품은 어떤것이 있나요?

해외선물 상품중 증거금이 약 40만원인 유로달러 마이크로 상품으로 실전매매를 시작할 것을 권해드리고 싶구요, 적은 증거금으로 다양한 경험을 쌓고 난 다음에 점차 거래규모를 늘려가기를 권해드립니다. 또 모의투자로 실전매매를 충분히 해보고 난 이후에 실계좌로 실전투자를 하는 것도 하나의 대안이 될 수 있다고 봅니다. 장은 영원히 열립니다. 결코 서두르지 말고 충분히 내공을 쌓은 이후 실전투자를 시작하시라는 조언을 드립니다. 서두르지 말고 쉬지도 말고 내공을 쌓아 나아가시길 바랍니다.

해외선물 초보자인데 해외선물에 잘 맞는 보조지표에 대해서 알려주세요.

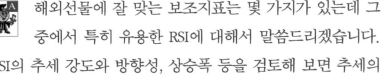

해외선물에 잘 맞는 보조지표는 몇 가지가 있는데 그 중에서 특히 유용한 RSI에 대해서 말씀드리겠습니다. RSI의 추세 강도와 방향성, 상승폭 등을 검토해 보면 추세의 강도와 방향, 또 갈자리가 얼마나 남아있는지에 대해서 쉽게 알 수 있는 보조지표이구요, 또 RSI 다이버젼스를 활용하면 더욱 더 성공확률을 높일 수 있다고 말씀드릴 수 있습니다.

단기투자자인데요 단기투자자들은 해외선물에서 몇 분 차트를 보면서 매매를 하면 좋은가요?

 단기투자는 당연히 분차트를 보면서 매매의 맥점을 찾아야 합니다. 일분차트, 5분 차트, 10분차트, 30분차트 중 투자자의 관점에 따라서 선택할 수가 있겠습니다. 해외선물은 7시에 아시아장이 열리고 4시에 유럽장이 열리고 10시 30분에 미국장이 열리는데, 그 시간대에 따라서 움직이는 폭이 다르다는 점을 잘 알고, 매매를 해야 하는데요 아시아장이 열리는 7시부터, 유럽장이 열리는 4시까지는 움직이는 폭이 약 10%정도이구요, 유럽장이 열리는 4시부터, 미국장이 열리는 10시 30분까지는 상 하 움직이는 폭이 약 30%정도이구요, 미국장이 개장을 하는 10시 30분 이후에는 약 60% 정도에 움직이는 폭을 볼 수 있다는 특징이 있습니다. 해외선물의 독특한 움직임을 주지하시고 단기매매를 하신다면 큰 도움이 됩니다.

국내선물은 단일상품인데 해외선물은 상품이 다양한 것 같은데 어떤 상품을 매매하는 것이 좋은지요?

해외선물은 통화, 지수, 금리, 에너지, 귀금속, 농 축산물 등 약 70여개 다양한 상품이 거래가 되는데 가능하면 본인이 관심이 있는 분야에 투자하는 것이 좋으며 또 거래가 많이 되는 상품을 매매하는 것이 좋겠습니다.

강현수어록

명분이 있는 자리에서
포지션을 진입하라.

상승해도 좋고 하락해도 방법이 있다.

또 큰 변동성을 원하는 투자자는 최근에 이슈가 되고 있는 종목에 집중 매매하는 것도 단기에 큰 수익을 낼 수 있는 하나의 방법이 될 수 있을 것입니다.

 해외선물에서 변동폭이 가장 큰 종목은 어떤 종목인가요?

 해외선물에서 변동폭이 가장 큰 종목은 크루드 오일이구요 내공이 있는 투자자라면 큰 변동폭을 이용해서 매일 수익을 낼 수도 있을 것입니다. 하루 변동폭이 제일 큰 상품이 크루드오일이기 때문에 충분한 내공을 키우고 난 후 투자에 임해도 늦지 않다고 조언을 드리고 싶습니다. 항상 큰 수익보다 손실나지 않는 매매를 하시기를 권해드리고 싶습니다. 철저한 내공을 닦고 난 후에 자신만의 실전비책을 가지고 실전투자에 임하라는 말씀을 드리고 싶습니다.

 에너지 시장 등락요인에 대해서 좀 알려주세요?

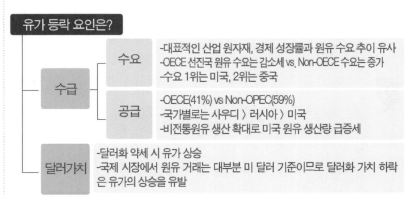

유가 등락 요인은?

- 수급
  - 수요
    - 대표적인 산업 원자재, 경제 성장률과 원유 수요 추이 유사
    - OECE 선진국 원유 수요는 감소세 vs. Non-OECE 수요는 증가
    - 수요 1위는 미국, 2위는 중국
  - 공급
    - OECE(41%) vs Non-OPEC(59%)
    - 국가별로는 사우디 〉러시아 〉미국
    - 비전통원유 생산 확대로 미국 원유 생산량 급증세
- 달러가치
  - 달러화 약세 시 유가 상승
  - 국제 시장에서 원유 거래는 대부분 미 달러 기준이므로 달러화 가치 하락은 유가의 상승을 유발

금가격 등락 요인에 대하여 좀 알려주세요?

 금 가격 등락 요인은?

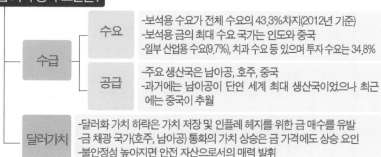

	수요	-보석용 수요가 전체 수요의 43.3%차지(2012년 기준) -보석용 금의 최대 수요 국가는 인도와 중국 -일부 산업용 수요(9.7%), 치과 수요 등 있으며 투자 수요는 34.8%
수급	공급	-주요 생산국은 남아공, 호주, 중국 -과거에는 남아공이 단연 세계 최대 생산국이었으나 최근에는 중국이 추월
달러가치		-달러화 가치 하락은 가치 저장 및 인플레 헤지를 위한 금 매수를 유발 -금 채광 국가(호주, 남아공) 통화의 가치 상승은 금 가격에도 상승 요인 -불안정성 높아지면 안전 자산으로서의 매력 발휘

 농산물 가격 등락 요인에 대하여 좀 알려주세요?

 농산물 가격 등락 요인은?

| | 수요 | - '인류의 먹거리' 인 만큼 수요의 가격 영향력은 상대적으로 크지 않음.
- 인구 증가, 삶의 질 향상 등으로 곡물에 대한 수요는 꾸준히 증가 |
| 수급 | 공급 | -공급주도의 시장, 공급의 가격 영향력이 절대적
-핵심 변수는 날씨, 기후 상황에 따른 공급 여건의 변화가 주요 변수
-제1의 수출국인 미국을 비롯한 남미, 호주의 공급 여건 작황 및 재고가 중요
-미 농무부의 수급 전망, 작황, 재고 보고서의 가격 영향력 높음 |

강현수 어록

투자는 마라톤이다.

비철금속 가격 등락 요인에 대하여 좀 알려주세요?

 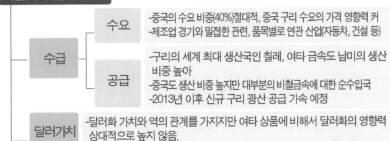

비철금속 가격 등락 요인은?

수급 ─ 수요 ─ -중국의 수요 비중(40%)절대적, 중국 구리 수요의 가격 영향력 커
-제조업 경기와 밀접한 관련, 품목별로 연관 산업(자동차, 건설 등)

공급 ─ -구리의 세계 최대 생산국인 칠레, 여타 금속도 남미의 생산 비중 높아
-중국도 생산 비중 높지만 대부분의 비철금속에 대한 순수입국
-2013년 이후 신규 구리 광산 공급 가속 예정

달러가치 ─ -달러화 가치와 역의 관계를 가지지만 여타 상품에 비해서 달러화의 영향력 상대적으로 높지 않음.

 해외선물 거래의 구성요소에 대해서 좀 알려주세요?

 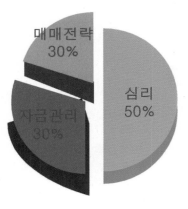

매매전략 30%
심리 50%
자금관리 30%

강현수어록

수익을 내는 비책이 있는 사람은 도박을 싫어한다.

 해외선물 거래를 할때 어떤 상품을 매매해야 수익을 극대화 할 수 있나요?

 ①현재 가장 Hot한 상품을 선택

②이번 달에 Event가 있는 상품선택

③장기 패턴으로 가는 상품 선택

④만기가 길게 남은 상품선택

⑤변동성이 큰 상품선택

말씀 드린대로 매매할 상품 선택 후 자신만의 실전비책을 가지고 실전 매매에 임할때 성공투자가 가능할 것입니다.

 해외선물 거래에서 성공한 프로트레이드들의 습관에 대해서 좀 알려주세요?

 〈성공한 실전프로의 습관〉

① 술, 담배금지

② 복기, 자신만의 원칙, 시장을 보는 눈

③ 자기가 가장 자신있는 종목만 매매한다.

④ 계좌관리

⑤ 건강관리

 저는 해외선물을 이번에 처음 알게되었구요 이제 투자에 입문해 보려고 합니다 어떻게 해야 하나요?

 해외선물을 투자하기 위해서는

① 해외선물의 기본적인 지식 공부

② HTS 사용법 숙지

③ 모의거래 계좌 개설후 모의 투자 연습

④ 기본적 분석, 기술적 분석 공부(해외선물에서는 기술적

강현수어록

일관되고 꾸준한 실행.

227

분석이 압도적으로 많이 쓰임)

⑤ 실전투자 계좌 개설

⑥ 증거금 입금

⑦ 실전거래시작

①~⑦ 순서대로 공부를 차근차근 해 나가는 것이 좋을 듯합니다.

 해외선물 거래에 꼭 필요한 정보들은 어디서 알 수 있을까요?

	한국어	외국어(영어)
기본적 정보	홈페이지, HTS 공지사항	각 거래소 (CME, SGX, EUREX)
뉴스	HTS 內 로이터 뉴스, 인포맥스 등 각종 포탈 사이트	www.reuters.com www.bloomberg.com www.cnbc.com
시황 및 의견	팍스넷, 증권사 Report(시황문자) SBS CNBC 뉴스(매주 금요일)	www.fxstreet.com
스마트 폰	스마트하나 월드, Investing	Bloomberg, CNBC

 저는 주식투자자인데요 해외선물의 특징에 대해서 자세히 좀 알려주세요?

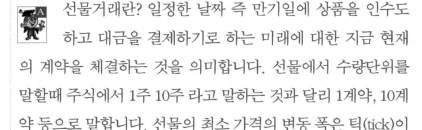 선물거래란? 일정한 날짜 즉 만기일에 상품을 인수도하고 대금을 결제하기로 하는 미래에 대한 지금 현재의 계약을 체결하는 것을 의미합니다. 선물에서 수량단위를 말할때 주식에서 1주 10주 라고 말하는 것과 달리 1계약, 10계약 등으로 말합니다. 선물의 최소 가격의 변동 폭은 틱(tick)이

라고 말하는데, 각 상품별로 최소변동폭이 0.0001달러에서 0.01달러까지 다양합니다. 선물결제 월 만기가 도래한 선물의 실물 인수도와 현금결제가 이루어지는 달을 말하는데 각 상품별로 상이하며 대체적으로 매월 분기월(3,6,9,12) 등의 결제월이 지정되어 있습니다.

선물상품에 있어서 선물가격이 현물보다 높게 형성되어 있는 경우를 콘탱고라고 하고, 선물 가격이 현물가격보다 낮은 경우는 백워데이션 이라고 합니다. 해외선물에서 자주 나오는 말 중에 포지션이라는 말이 있는데 포지션이란 미결제 약정의 형태를 의미하고 매수 미결제 상태를 매수포지션이라고 하고 매도미결제 상태를 매도 포지션이라고 합니다. 미결제약정이 없는 경우를 스퀘어포지션이라고 합니다. 또 매수 포지션을 매도 주문으로 청산하는 거래를 전매도라고 하고, 매도 포지션을 매수 포지션으로 청산하는 거래를 환매수라고 합니다.

해외선물의 증거금의 종류는 개시증거금(선물포지션에 진입을 할 때 필요한 증거금을 의미한다.) 유지증거금(선물계약의 포지션을 유지하기 위한 최소한의 증거금으로 상품별로 차이가 있으며 일반적으로 개시증거금의 85%~90% 수준이다. 만약 정산 후 평가 예탁총액이 유지증거금을 하회한다면 마진콜이 발생하게 된다.) 추가증거금(보유중인 선물포지션에 손실이 발생할때 일일정산시 평가예탁총액이 유지증거금의 못 미칠경우 마진콜이 발생하게 되며, 이때 해당포지션 청산

강현수어록

절대 추세를 놓쳐서는 안된다.

없이 표지선을 유지하기위해 필요한 추가적인 증거금을 말한다.) 등이 있습니다.

해외선물 상품은 성격에 따라서 크게 구분해 보자면, 금융선물, 상품선물로 나뉘는데, 구체적으로 설명하자면, 금융선물은 지수선물(S&P, NIKKE1225, DAX INDEX,H-SHARE), 통화선물(유로, 엔, 파운드, 호주달러), 금리선물(미국채2년, 5년, 10년, 30년) 상품선물은 귀금속선물(금,은,구리), 에너지선물(원유, 천연가스, 가솔린), 농축산물 선물(밀, 옥수수, 대두)라는 상품이외도 다양한 새로운 선물 상품들이 꾸준히 생겨나고 있습니다.

세계 최초의 상품거래소는 1848년 시카고 상인들에 의해 만들어진 시카고 상품거래소인데, 그 이후 세계 여러 곳에서 거래소가 탄생 서로간의 합병을 통해서 오늘날에 이르렀는데, 세계주요 선물거래소로는 뉴욕상품거래소, 시카고 상업거래소, 시카고 상품거래소, 대륙간 거래소, 유렉스 홍콩선물거래소, 도쿄상품거래소, 싱가포르거래소 등이 있습니다.

저는 국내선물을 매매하는 전업투자자인데요 해외선물은 국내선물보다 아주 적은 금액으로 매매를 할 수 있다는데요 제가 해외선물 매매할 때 경제지표는 주로 무엇을 체크해야 하나요?

해외선물에 투자할 때 기본적으로 분석해야 할 대상은 금리 환율 경기 등에 큰 영향을 미치는 정부와 중앙은행의 거시정책 그리고 각종 경제지표입니다. 이들은 해외선물 가격 등락을 좌우하는 경우가 많습니다.

중요 지표 중 하나인 소비자물가지수(CPI)부터 살펴보자면 이는 매월 주요 소비재의 가격 변화를 측정하는 지표로 인플레이션을 가늠해볼 수 있습니다. CPI는 통상 월별지수의 변동폭을 퍼센트(%)로 나타내는데 CPI가 높아지면 금리인상 압력 요인이 될 수 있습니다. 이때 주식시장은 약세, 채권가격은 하락, 달러는 상승하는 쪽으로 영향을 미치는 경우가 많습니다. 생산자물가지수(PPI)는 선행지표성격이 강한 대표적인 물가지표입니다.

다른 소비지표로는 소매판매지수, 소비자신뢰지수, 미시간대 소비자 신뢰지수, 개인소득 및 소비지출 등이 있습니다. 비농업부문 신규고용 및 실업률, 주간 실업수당청구건수, 고용비용지수 등은 농업부문을 제외한 모든 고용시장 현황을 보여줍니다. 주택지표로는 신규주택착공건수 및 건축허가건수, 신규주택판매 및 기존 주택매매건수가 있습니다. 경기지표로는 국내총생산, 산업생산 및 설비가동률, ISM 제조업자수, ISM비제조업지수, 내구재 주문 등을 주목해야 합니다.

미국 외 주요 국가의 경제지표로는 유로존 ZEW 경기기대지수, 독일 IFO 기업환경지수, 일본 단칸지수 등이 있습니다. 세계 각국의 경제지표 발표는 www.forexfactory.com을 참조하면 됩니다.

강현수어록

선이 모이면 발산한다.

Q 해외선물 매매를 할 때 이동평균선을 어떻게 활용해야 하나요?

 이동평균선은 캔들에 비해 상대적으로 장기적인 변동 추이를 살펴볼 때 활용됩니다. 가격 이동평균선과 거래량 이동평균선 등이 주로 많이 쓰이는데 이동평균선은 기간에 따라 단기 이동평균선(5일 이동평균선, 10일 이동평균선, 20일 이동평균선), 중기 이동평균선(60일 이동평균선), 장기 이동평균선(120일 이동평균선, 240일 이동평균선) 등으로 구분됩니다. 이동평균선의 경우 당일 종가를 포함해 최근 5일간의 합계를 5로 나눈 것입니다. 단기매매자는 5일 이동평균선, 10일 이동평균선, 20일 이동평균선을 주로 활용하고, 중기매매자는 60일 이동평균선을 많이 활용해 매매합니다. 장기 투자자의 경우는 120일 이동평균선, 240일 이동평균선 등을 활용해 매매합니다.

이동평균선 흐름은 인생과 비슷합니다. 태동기, 성장기, 성숙기와 같은 상승기간이 있고 갱년기, 노년기, 임종기와 같이 쇠퇴 기간도 있습니다. 투자자는 이동평균선이 어떤 흐름에 있는지만 분석해도 투자에 성공할 수 있습니다.

이동평균선에서 반드시 분석해야 할 내용은 모든 이평선 간의 간격과 방향을 따져보는 일입니다. 이평선이 오른쪽 방향으로 올라가면 가격이 상승하고, 내려가면 가격이 하락합니다. 장기이평선을 단기이평선이 돌파하는 골든크로스, 단기이평선이 장기이평선을 이탈하는 데드크로스 등도 살펴봐야 합니다. 이평선의 수렴과 확산의 성격을 파악해 시세변곡점을 찾을 수도 있습니다. 가격이 하락하는 중에 이동평균선의 지지를 받거나 가격이 상승하는 가운데 이동평균선의 저항을 받아 하락하는 경우 등도 많기 때문입니다.

 해외선물 매매에 잘 맞는 봉차트에 대해서 좀 알려주세요?

양음(陽陰)으로 나타내는 일봉, 주봉, 월봉 차트는 미국식보다 더 오래된 차트입니다. 봉차트에는 시가, 종가, 고가, 저가가 모두 나타나 있고 봉의 모양과 길이에 따라 매매 주체의 심리 등을 한 눈에 파악할 수 있습니다. 봉의 모양에 따라 매수와 매도 시기를 결정합니다. 오랜 역사를 자랑하는 다우, 그랜빌, 엘리엇 등 추세와 파동을 기본으로 분석하는 것과 조금 다른 면이 있습니다.

봉차트의 해석 방법으로 단일봉 분석법과 여러 개의 봉차트를 결합해 분석하는 결합봉 분석법이 있는데 단일봉보다 봉을 여러 개 조합해서 분석하는 방법이 실전 매매에 더 많이 활용됩니다. 실전 매매에서 가장 많이 활용되는 봉차트는 앞의 봉을 반대 방향으로 그 이전의 봉을 완전히 감싸는 모양의 하락장악형과 그 반대의 형태인 상승장악형이 있고 또 3개의 봉을 조합해 첫째봉의 가격 절반을 이탈하거나 반대의 경우 돌파하는 경우를 나타내는 모닝스타, 이브닝스타가 있습니다. 가격이 시초가에 상승 시작해 종가가 떨어지는 형태의 갭

강현수어록

이동평균선 공간에서는
진입하지 말라.

하락 음봉, 반대로 가격이 갑자기 떨어져서 시작한 후 상승으로 장을 마감하는 갭 하락 양봉 등도 실전 매매에서 유용하게 쓰입니다.

가격이 움직이면 제일 먼저 현재가 창이 움직이고 현재가 창의 움직임에 따라 캔들이 만들어지구요, 캔들의 조합으로 추세가 형성되며 추세의 끝자락에서 새로운 패턴이 만들어지고 패턴이 완성 후 새로운 파동이 만들어집니다. 이런 움직임은 단기 이평선의 각도를 결정짓는데 단기 이평선 각도가 가파르면 가격 흐름의 에너지가 강하다고 볼 수 있구요 중장기 이평선은 추세선 역할을 겸하기도 합니다. 이런 가격의 흐름과 기술적 분석의 여러 현상들을 종합해 정교하게 파악하는 것이 실전 매매의 핵심이라고 말할 수 있겠습니다.

 해외선물도 중·장기 투자가 가능한지요? 가능하다면 무엇을 기준으로 잡으면 좋을까요?

 실전 매매는 단순해야 합니다. 성공 확률도 80% 이상은 돼야 하구요. 이런 관점에서 7일선 매매기법은 꽤 유용하다라고 말할 수 있습니다.

7일선 매매란 차트 일봉상 7일 이동평균선이 우상향으로 돌아서는 시점에서 매수하는 기법입니다. 이평선을 이용한 매매는 시장의 일시적인 등락을 걸러내고 추세 변화를 읽을 수 있다는게 가장 큰 매력인데 증권사 홈트레이딩시스템(HTS) 이평선 설정으로 쉽게 흐름을 파악할 수 있습니다.

다만 어떤 이평선을 사용할지는 고민이 필요합니다. 많은 투자자들이 20일선을 중요하게 생각합니다. 하지만 해외선물 70여종을 오랜 기간 정교하게 분석한 결과 20일선 움직임은 빠르게 움직이는 선물 시세에 비해 굼뜨다는 결론을 얻었습니다. 실전 매매에서 20일보다 7일선을 보는게 성공확률을 높일 수 있다는 얘기입니다.

7일선의 우상향 추세 전환을 좀더 빨리 확인하려면 차트를 자세히 뜯어보는 노력이 필요합니다. 예를 들어 오늘 종가가 7일전 종가보다 높다면 7일선이 우상향하는 초기 시점이 될 가능성이 비교적 높습니다. 이미 매수한 뒤라면 7일 전 종가보다 오늘 종가가 낮을 경우 우하향 가능성을 염두에 둬야합니다. 7일선 움직임을 눈으로 똑같이 확인하더라도 언제 매수하고 매도하느냐에 따라 수익이 달라질 수 있기 때문에 흐름이 바뀌는 시점을 잘 잡아내는 요령이 중요합니다.

7일선이 긍정적인 움직임을 보인다면 이제 추세의 힘이 얼마나 센지도 가늠해봐야 합니다. 이때 유용한 보조지표가 추세의 강도를 보여주는 RSI(Relative Strength Index)인데 과매도 구간을 의미하는 RSI 25 이하 종목에 투자하는 게 좋습니다. 아울러 이평선 분석의 후행성을 보완해주는 'MACD 히스토그램' 지표도 활용가치가 높은데 7일선 매매 기법은 하루에도 여러 차례 거래하는 '데이 트레이딩' 이나 '스캘핑' 투자자에겐 맞지 않는다는 점도 알아둬야 하겠습니다.

강현수어록

5파, C파는 장기투자 금지.

해외선물을 잘 하려면 어떻게 해야 하나요?

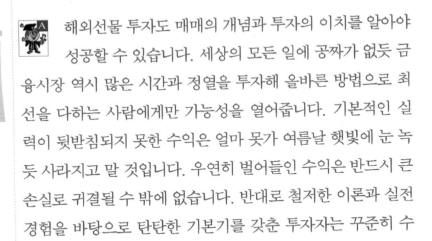 해외선물 투자도 매매의 개념과 투자의 이치를 알아야 성공할 수 있습니다. 세상의 모든 일에 공짜가 없듯 금융시장 역시 많은 시간과 정열을 투자해 올바른 방법으로 최선을 다하는 사람에게만 가능성을 열어줍니다. 기본적인 실력이 뒷받침되지 못한 수익은 얼마 못가 여름날 햇빛에 눈 녹듯 사라지고 말 것입니다. 우연히 벌어들인 수익은 반드시 큰 손실로 귀결될 수 밖에 없습니다. 반대로 철저한 이론과 실전경험을 바탕으로 탄탄한 기본기를 갖춘 투자자는 꾸준히 수익을 향유할 수 있을 것입니다.

성공한 투자자가 되기 위해서는 우리나라의 정치, 경제, 사회, 문화 전반에 대한 현실적인 감각을 가져야 합니다. 미국, 유럽, 중국, 일본 등 글로벌 경제상황에도 지속적인 관심을 가져야 합니다. 무한한 긍정의 마인드로 부족한 1%를 장(場)과 내가 하나되는 열정으로 꾸준히 연구해 충족해 나간다면 반드시 성공적인 실전 프로 트레이더가 될 수 있을 것입니다.

다음으로 차트를 볼 줄 알아야 합니다. 병원에 가면 환자들의 병력을 기록해준 차트가 있는데 의사는 차트를 보고 환자를 치료합니다. 바다의 거친 파도를 가르며 항해 중인 배의 선장이 해도를 볼 줄 모른다면 무사히 항구에 도착할 수 있을까? 금융투자도 마찬가지로 어떤 해외선물 상품이 어떤 성격을 가지고 어떻게 움직이는지 알고 있다면 어느 정도 가격의 미래를 예측하는데 도움을 얻을 수 있을 것입니다.

해외선물 차트에서는 캔들, 거래량, 이동평균선, 가격의 고가 및 저가, 각종 패턴, 매도 진입 맥점, 매수 진입 맥점 등 그 종목의 대략적인 정보가 가격의 흐름에 따라 살아 숨 쉬고 있는데, 투자를 하지 않겠다면 몰라도 해외선물 투자를 할 사람은 반드시 차트를 보는 방법을 알고 해석하는 능력을 갖고 투자에 임해야 한다라고 단언코 말하고 싶습니다.

 저는 주식투자를 하고 있는데, 해외선물도 배워서 주식 시장이 열리지 않는 저녁시간에 해외선물을 매매해 보려고 합니다. 해외선물 초보자는 어떤 마음가짐으로 매매에 임하는 것이 좋을까요?

투자는 세상에서 가장 큰 사업 중 하나이기 때문에 사전에 충분한 이론 공부와 연구를 한 후에 투자세계에 발을 들여 놓아야 하겠습니다. 자신의 투자 실력을 상당한 수준까지 끌어올린 뒤 실전투자에 나서도 늦지 않다는 말입니다.

투자는 취미생활이나 잠깐 하다 관두는 아르바이트가 아니며 평생 직업으로 삼아도 될 정도로 보람 있는 일입니다. 해외선물은 특히 달러를 벌어들이는 외화 획득 효과가 있어 더 의미 있는 투자라 할 수 있습니다.

해외선물 투자에 성공하기 위해서는 먼저 이론적으로 철저히 이해하고 실력을 키워야 합니다. 투자 실력을 높이기 위해 모의투자나 시중 증권사에서 제공하는 해외선물 홈트레이딩

강현수어록

대박보다 꾸준한 수익이 좋다.

시스템(HTS) 등을 활용해 볼 수 있는데, 저명한 투자가인 조지 소로스나 워런 버핏 같은 사람들도 평생 투자를 통해 세계적인 부자의 반열에 올랐습니다.

성공하는 해외선물 투자자가 되기 위해서는 철저한 이론의 뒷받침, 모의투자에 의한 실전경험, 리스크 관리, 포트폴리오 전략이 필요합니다. 좀더 세부적으로는 차트의 거래량, 이동평균선, 캔들 30분봉, 120분봉, 240분봉, 일봉, 주봉, 월봉 상승추세와 하락추세, 횡보추세, 굴곡추세 등의 구분법을 알고 있어야 하며 이평선의 칼끝 분석도 상당히 중요합니다.

투자하는 상품의 거시적 가격흐름을 비롯해 단기, 중기, 장기매매를 선택하는 등 철저하고 확실한 자신만의 비책이 요구됩니다.

세상에는 공짜가 없습니다. 확고하고 명확한 수익 모델을 만들고 그 원칙대로 투자의 세계에 입문한다면 젊은이들에게는 새로운 직업이, 연세 높은 어르신들은 하나의 좋은 노후 대책이 될 수도 있을 것입니다.

 해외선물 상품은 몇 개나 되며 증거금 등의 특징에 대하여 설명해 주세요?

 해외선물이란 통화, 금리, 지수, 금속, 에너지, 농산물, 축산물 등 70여개 상품에 투자할 수 있는 파생상품인데요, 세계 최대 파생상품 거래소 중 하나인 미국 시카고상업거래소(CME)에 상장돼 있습니다.

해외선물은 주식 거래와 마찬가지로 증권회사나 은행에서 자유롭게 계좌를 개설하고 매매할 수 있습니다. 국내 증권사들이 제공하는 홈트레이딩시스템(HTS)을 10분 정도만 살펴보면 누구나 쉽게 매매할 수 있습니다. 증권사 중에는 해외선물 HTS 기초 강의를 무료로 진행하는 경우도 많으므로 필요할 경우 청강해도 좋겠습니다.

주식 투자를 할 때는 오직 상승할 때만 수익을 낼 수 있지만 해외선물은 특정 기초자산이 상승할 때도, 하락할 때도 어떤 포지션을 잡느냐에 따라 모두 수익을 낼 수 있습니다. 또 상품의 특성상 상장 폐지나 부도 위험이 없는 것도 주식투자와 다르다고 말할 수 있겠습니다.

해외선물 1계약을 매매할 때 최소 증거금은 약 40만원만 있으면 됩니다. 국내 선물의 1계약 증거금이 약 3000만원에 달하는 것에 비해 큰 자금이 없어도 투자할 수 있다는 얘기입니다. 증거금은 원화를 본인의 계좌에 입금하면 달러로 환전하지 않아도 돼 편리하다고 말할 수 있구요, 해외선물은 국내 주식시장의 약 오천배가 넘는 거대 자금이 거래되는 글로벌 거래소에서 거래됩니다. 때문에 이른바 '작전' 이라고 불리는 인위적인 시세 조작이나 가격 왜곡 현상이 없는 '투명한 시장' 이라고 볼 수 있습니다. 우리가 잘 아는 조지 소로스 같은 투자자들도 해외선물 시장에서 투자하고 있는 실정입니다.

미국은 대학교 국제금융학과 수업에서부터 해외선물 실전 매매를 가르치고 있습니다. 그래서 그런지 미국인들의 해외

강현수 어록

손절 잘 하며 장이 수익 줄 때까지 기다려라.

선물 투자수익률은 우리나라 개인 투자자보다 높은 것으로 알려지고 있습니다. 한국의 삼성전자와 현대차 같은 대기업이 수출을 해 외화를 벌어들이고 있는 동안 외국인 투자자들은 국내 주식과 선물시장에서 알짜배기 돈을 야금야금 회수해 가는 것이 지금의 현실이라고 말 할 수 있겠습니다.

 해외선물에 잘 맞는 패턴분석에 대해 설명해 주세요?

해외선물 투자 때 패턴분석을 세밀하게 하면 최소한 마이너스가 나지는 않습니다. 패턴분석은 미국의 에드워드와 매기가 미국 증권시장을 데이터화 해 바닥과 상투 가격 등에서 볼 수 있는 특징을 분류하고 분석한 것이 효시인데요, 패턴은 가격의 움직임을 하나의 모형으로 나타낸 것을 말합니다. 가격은 불규칙하게 움직이는 것 같지만 자세히 분석해 모형을 만들어보면 매우 전형적이고 조직적으로 움직입니다. 그 습성을 기반으로 향후 가격의 변화 추이를 예측하는 것이 중요한 기술적 분석의 하나입니다. 예를 들어 변곡점을 찾아 수익을 극대화하는데 활용할 수 있습니다.

먼저 삼봉형을 보면 일명 '헤드 앤드 숄더' 라고 하는 추세전환형 패턴이 있고 이는 가격이 천장에서 나타나는 패턴입니다. 가격바닥에서는 반대 모양이 출현합니다. 다음으로 '원형천장형' 은 점진적인 가격의 전환점을 보여주는 예인데 움직임이 완만하고 조금 긴 시간에 걸쳐 패턴이 완성되는 특징이 있고 고점에서는 원형천장형, 바닥에서는 원형바닥형을 검토해 매매시점을 저울질할 수 있습니다.

세 번째로 '이중천장형'과 '이중바닥형'을 모르면 실전투자를 하지 말라는 말이 있는데 가격의 꼭지에서 이중천장형, 가격의 바닥에서 이중바닥형을 잘만 체크해도 성공 투자로 나아갈 수 있습니다. 마지막으로 '깃발형'은 가격이 상승하거나 어느 정도 하락한 경우에 소위 허리지점에서 가격조정과 기간조정을 거칠때 흔히 나타나는 모양인데 상승 깃발형과 하락 깃발형이 있습니다.

깃발형은 추세를 돌파하거나 추세를 이탈할 때 강한 시사점을 줍니다. 그래서 실전매매시 깃발형이 출현하면 면밀히 가격추이를 살펴봐야 합니다.

 실전매매시 가장 중요한 한가지만 꼭 짚어 말씀해 주세요.

 딱 한가지만 중요한 것 말씀드리자면 '포지션 진입시 먼저 손절라인을 미리 잡고 진입하라' 라고 말씀 드리고 싶습니다.

해외선물 투자를 할려면 글로벌경제에 관한 정보가 중요할 것 같은데요 실전매매를 할 때 정보의 중요성은 어느 정도인지요?

개인투자자들이 각종 금융상품 투자에 있어서 성공보다 실패할 확률이 높은 것은 지나친 욕심 때문이라고 자신있게 말할 수 있습니다. 투자자가 사들일 수 있는 금융상

강현수어록

큰 실패없이 큰 성공도 없는 것이 이 투자의 세계다.

품은 너무나 다양하기 때문에 자신만의 원칙을 정해 서두르지 않고 느긋한 마음으로 매매에 임하는 게 좋습니다. 실패한 투자자들은 가격이 오르면 더 오를 걸로 보고 추격매수를 하고 그것도 부족해 무리한 투자를 하는 경우가 많습니다. 추격매수를 하고 나면 그 가격을 정점으로 하락하기 시작하는 경우 또한 다반사입니다. 그래서 차분하면서도 유연해야 하고 마음을 비우는 자세가 매우 중요합니다.

시장의 유혹을 뒤로하고 '자신의 원칙에 맞는 매매 맥점까지 인내하는 마인드가 성공을 가져다준다' 라고 말하고 싶습니다.

금융시장은 전쟁터와 같고 외국인 외환딜러 기관투자자를 비롯해 개인들의 치열한 생존게임이 매일 벌어지는 곳입니다.

개인투자자들은 아무리 해외방송, 신문, 인터넷 등을 통해 국내외 주요 정보를 얻는다고 해도 외국인, 외환딜러, 기관투자자를 앞설 수 없는 게 현실입니다. 개인이 정말 도움이 되는 정보를 갖고 포지션을 잡았 때는 이미 그 정보를 선점한 외국인, 외환딜러, 기관투자자 등이 개인투자자에게 그 물량을 떠넘기고 빠져나가 버린 뒤, 개인투자자들이 손실을 떠안는 현실은 반복되고 있습니다. 개인투자자들이 아는 정보는 이미 정보로서의 가치가 상실된 휴지와 같은 것이며, 개인투자자가 성공하려면 '차라리 정보를 무시하고 가격만 믿고 실전투자에 나서라' 라고 강조하고 싶습니다.

저는 자주 교수님 방송을 보면서 공부를 하는 투자자인데요 내공이 있어야한다는 말씀을 교수님은 종종 하시는데 내공은 어떤 의미인가요?

 사실 실전투자가 성공하기 위해서는 반드시 내공이 필요합니다. 기법 몇가지로 수익이 가능하다면 시중 서점에 가보십시요 여러 기법을 쉽게 접할 수가 있습니다. 이 시장에서 꾸준히 수익을 내고 해외선물투자로 달러를 벌어 애국도 하고, 실전프로트레이더로 평생직업을 얻기 위해서는 내공이 꼭 필요합니다. 그 내공의 본질은 투자가 인생과 같다고 봅니다. 투자는 인생과 같이 종합예술입니다. 그래서 투자에 성공하기 위해서는 이 강현수는 내공이 꼭 필요하다고 표현합니다. 인문학적인 소양, 즉 철학, 종교, 역사, 심리, 심지어 통계학 등의 소양이 필요하다는 말씀을 드립니다. 인문학 즉 인간에 관한 학문입니다. 저는 실전매매 경험이 30년 입니다. 30년 내공으로 내린 결론은 투자에 성공하기 위해서는 내공을 키워라 기법이 아닌 내공 그것이 답이다라는 말씀을 드립니다.

단기간 매매자인데요 해외선물에 잘맞는 캔들 기법 좀 알려주세요.

단기 매매자는 캔들을 검토하는 능력이 필요합니다. 중, 장기 매매자의 경우에는 캔들보다 이동평균선을 분석해서 매매를 하게 되는데요. 물론 단기매매자가 단기 이평선의 분석과 캔들 분석을 동시에 하게 되면 매매 성공 확률

강현수어록

지킬 수 있는 원칙만 숙지하여 최대한 압축시키고 그 원칙에 적합한 상황에서만 매매에 임하라.

이 더 높다고 볼 수 있구요. 또 단기매매자는 현재가 창에서 호가 움직임을 보면서 상승 하락의 힘의 세기를 읽어내는 혜안이 필요하다고 말할 수 있겠습니다. 캔들의 핵심은 바닥에서 상승장악형과 모닝스타 갭 하락 양봉을 체크하시면 실전매매에서 큰 도움이 되리라 생각합니다. 차트를 보면서 설명을 드리자면 상승장악형과 하락장악형은 명확한 가격의 변곡점을 만든다는 것을 볼 수 있습니다. 캔들에서는 상승장악형, 하락장악형, 모닝스타, 이브닝스타, 갭하락양봉, 갭상승음봉을 체크해야 합니다.

 저는 2억정도 주식투자를 하고 있는데 해외선물의 안정성에 대해서 자세한 설명을 부탁드립니다.

주식은 대주주의 횡령, 분식회계, 경쟁사의 치명적인 손해배상 소송 등으로 급락하는 경우가 가끔 발생하며 심지어 상장폐지가 되어 주식이 휴지조각이 되는 경우도 있지만, 해외선물은 주요선진국 화폐의 환율에 투자를 하고 주요상품에 투자를 하는 것이기 때문에 부도나 상장폐지의 위험이 없으며 안정성이 담보되어 있습니다. 그리고 해외선물의 시세를 제공하는 시카고 CME거래소는 세계에서 가장 큰 거래소 시장입니다. 즉, 장내시장입니다. 이해를 돕기 위해서 설명을 드리자면 우리나라의 증권거래소의 약 5,000배의 자금이 거래되는 세계적인 거래소라고 말씀드릴 수 있습니다. 그래서 컨츄리리스크도 없고 부도도 없는 안정성이 담보된 시장이라고 말 할 수 있겠습니다.

 실전매매를 할 때 도움되는 카피문구를 좀 알려주세요?

 진입시점이 오면 두려워 말고 진입한다.

수익금은 인출하여 타 계좌에서 관리하자.

손절 금액은 하루단위로 수치화하여 정한다.

진입, 청산, 손절은 간단명료하게 나만의 원칙을 지킨다.

하루에 본인이 감내할 수 있는 손실금액을 정하고 손실발생시 거래를 중단하는 원칙을 지킨다.

하루에 얼마를 수익냈는가 보다 얼마나 원칙을 지켜서 거래했는지를 중요하게 생각한다.

거래시간을 정한다.

 실패와 성공의 마인드에 대하여 꿀팁을 좀 주세요?

실패의 마음가짐	성공의 마음가짐
• 서두른다 • 흥분한다 • 산다고 마음 먹으면 무조건 산다 • 무계획적이다	• 느긋하다 • 냉정하다 • 못하면 말고(본전) • 단기, 중기, 장기, 전략이 있다

강현수 어록

실전프로는 자제자족(自制自足)할 줄 아는 사람이다.

 투자를 할 때 여러 가지 지표를 보고 투자를 하는데 단순히 캔들만 보고 매매를 한다고 하면 캔들의 어떤 특징을 파악하고 매매에 활용해야 하나요?

강현수 어록

60선 쌍바닥은 120선의 방향을 상방향으로 돌린다.

캔들을 실전 매매에 활용할 때 월봉, 주봉, 일봉, 분봉이 양봉일 때 매수의 관점 월봉, 주봉, 일봉, 분봉이 음봉일 때에는 매도의 관점으로 보고 실전매매에 활용하는 것이 좋겠습니다.

해외선물에는 100여 개의 다양한 상품이 있는데 필자께서는 어떤 상품을 핵심적으로 선택해서 매매를 하는지요?

저는 실전매매를 할 때 통화에서 가장 유동성이 풍부한 유로달러, 지수에서 가장 움직임이 활발한 E-mini S&P 500, 상품선물에서 유동성이 풍부하고 활발하게 움직이는 크루드 오일과 골드를 중점적으로 해서 실전매매를 하고 있습니다.

장거래 끝난 후 매일 어떤 내용을 메모하여 체크하는 것이 좋겠습니까?

〈거래 일기〉

날짜 :＿＿＿＿＿ 요일 :＿＿＿＿＿

보유종목 :＿＿＿＿＿

매매종목 결과 :＿＿＿＿＿

잘한 점 :＿＿＿＿＿

잘 못한 점:＿＿＿＿＿

잔고 :＿＿＿＿＿

일계 :＿＿＿＿＿

누계 :＿＿＿＿＿

오늘의 교훈:＿＿＿＿＿

내일 매매할 상품＿＿＿＿＿

＿＿＿＿＿

교수님의 투자 10계명좀 알려주세요.

 　1. 시장파악

　　2. 예측하지 말고 대응하라

3. 자신만의 매매비책을 만들어라.

4. 손실을 최소화 이익은 극대화하라.

5. 탐욕은 결국 손실로 수렴한다.

6. 항상 최악을 대비하라.

7. 어떤 장에도 대응할 능력을 갖춰라.

8. 실수를 반복하지 말라.

9. 손절은 100%지켜라.

10. 매매 일기를 써라.

 해외선물의 가장 큰 장점을 꼬집어 말한다면 어떻게 있을까요? 저는 주식투자만 10년째하고 있는 투자자입니다.

　　가장 큰 장점은 최소 증거금 약 40만원부터 매매가 가능하다는 점이구요(국내 선물은 증거금 약 3천만원) 23시간 언제나 내가 원하는 시간에 매매 할 수 있다는 점과 주식은 상승시만 수익이 가능하지만 해외선물은 상승, 하락, 양방향 모두 수익이 가능하다는 핵심 장점을 말씀드릴 수 있겠습니다.

강현수 어록

이평선이 모이면 반드시 발산한다.

강현수어록

수익보다 리스크 관리가
우선.

 저는 나이가 올해 60세인데요 저도 해외선물에 투자를 할
수 있는 나이인가요?

 해외선물 투자를 하는 분들의 나이를 살펴보면 다양한
연령층에서 실전매매를 하고 있구요 굳이 나이는 큰
의미가 없다고 볼 수 있겠습니다. 단지 바둑에서는 고수 하수
의 급수가 있어 대등한 게임의 룰이 나름대로 있지만 이 투자
의 세계에는 그런 합리적인 게임의 룰이 전혀 없기 때문에 공
부→모의투자→실전투자의 순서를 거치며 성공투자에 입문
하시길 권합니다. 일본의 고레카와긴조는 1960년 63세의 나
이에 투자를 시작해서 83세때 금속광산주에 투자를 하여 200
억엔의 어마어마한 수익을 올려 일본 전체 납세순위 1위에 오
르기도 하며 95세의 일기로 사망하였습니다. 선생님 나이에
구애받지 마시고 힘내시기를 바랍니다.

 경제신문을 보면 골디락스라는 말이 나오는데 골디락스는
무슨 뜻인가요?

 골디락스는 차갑지도 않고 뜨겁지도 않은 먹기 좋은
음식에서 파생된 이야기인데요 경제의 흐름이 나쁘지
않고 물가도 적당히 오른 상태를 골디락스라고 하는데 쉽게
말해서 경제가 안성맞춤이라는 의미입니다.

 해외선물 실전매매에서 매수 진입시점을 어떻게 잡으면 좋
습니까?

해외선물 매수 시점은

① 통화정책, 재정정책 참고 즉, 기본적 분석을 통해서 매수진입시점을 잡을 수 있구요, 기본적분석으로 진입시점을 찾는 투자자는 대체적으로 장기투자자가 많구요

② 기술적 분석 즉, 차트에서 캔들과 이동평균선, 거래량 등을 분석해서 지지 저항 분석, 이평선 과이격 분석, 상위 이평선의 정복 분석 등 기술적 분석으로 진입시점을 찾을 수도 있는데 기술적 분석을 통해서 진입 맥점을 찾는 투자자는 단기매매를 위주로 하는 투자자가 많이 있습니다.

 경상수지 적자가 발생하게 되는 구조에 대해서 설명 해주세요.

GDP(국내 총생산) = 소비 + 투자 + 수출 - 수입

　수출 - 수입 = 경상수지

즉 GDP = 소비 + 투자 + 경상수지

즉 GDP - 소비 = 투자 + 경상수지

즉 저축 = GDP - 소비

　저축 = 투자 + 경상수지

즉 저축 - 투자 = 경상수지

과속성장이 계속되면서 저축이 줄어들고 투자가 크게 증가하면 경제에 만성적인 경상수지 적자가 발생한다는 것입니다.

강현수어록

정보의 3요소는 신선도, 정확도, 신속도.

강현수 어록

돈이 일하게 하라.

 금리가 오르면 환율은 떨어지고 금리가 내리면 환율은 올라갑니다.

예컨대 원 달러 환율이 상승하면 원화가치가 하락(평가절하) 하구요.

원 달러 환율이 하락하면 원화가치가 상승(평가절상) 됩니다.

그리고 물가가 오르면 금리가 올라가구요 물가는 안정됩니다.

그리고 금리가 오르면 유동성은 떨어지구요

금리가 내리면 유동성은 높아집니다.

즉 물가↑ = 금리↑ = 환율↓ = 유동성↓

 지표발표를 할 때 전월 전주 대비가 있구요 예상치 대비가 있는데 어떤 데이터를 비교해서 호재와 악재를 따져봐야 하나요?

주요 경제지표 발표는 전월 전주보다 예상치(컨센서스)에 대비해서 좋으냐 나쁘냐를 따져서 판단하는 것이 맞구요

참고로 말씀 드리자면 우리나라의 경우는 주로 날짜를 정해서 지표발표를 하는 경향이 강하지만 미국은 매월 첫째 영업일에 ISM 제조업지수 즉 직전 달의 지수를 발표하고, 매주 수요일은 미국 원유재고 발표를 한다든지 날짜보다는 실제

영업일 기준으로 중요 경제지표를 발표한다는 점도 팁으로 알고계시면 좋겠습니다.

 투자 절대불변의 법칙이 있다면 좀 알려주세요?

　　투자 절대불변의 법칙은

　1 가격은 오르면 내리고, 내리면 오른다

　2 손절은 꼭 필요하다

　3 가격의 미래 아무도 모른다

　4 자신 만의 투자비책이 꼭 있어야 한다

　5 추세를 따르라

 해외선물 실전매매에서 매수 진입 시점을 어떻게 잡으면 좋습니까?

　　해외선물 매수 시점은 통화정책 재정정책 즉 기본적 분석을 통해 진입 시점을 잡을 수 있습니다. 기본적 분석으로 진입시점을 찾는 투자자는 대체적으로 장기 투자자가 많습니다.

　그리고 또 기술적 분석 즉 차트에서 캔들과 이동평균선, 거래량 등을 분석해서 지지 저항 분석, 이평선 과이격 분석, 상위 이평선의 정복 분석 등 기술적 분석을 통해서 진입 맥점을 찾는 투자자는 단기매매를 위주로 하는 투자자가 많이 있습니다.

강현수어록

이평선의 칼 끝을 체크하라.

해외선물 매매를 할 때 자주 나타나는 패턴에 대해서 설명해 주세요?

 패턴에는 반전형 패턴과 지속형 패턴이 있습니다.

반전형 패턴으로는 역헤드 앤 숄드형,헤드 앤 숄드형, 삼중천장형,삼중바닥형,이중천장형,이중바닥형,원형천장형, 원형바닥형,V자형,역 V자형 등이 있습니다.

지속형 패턴으로는 이등변삼각형,상승깃발형,하락깃발형, 상승페넌트형,하락페넌트형,상승쐐기형,하락쐐기형,상승직 사각형,하락직사각형 등이 있습니다.

추세가 반전되는 패턴은 장기간 만들어지고 추세가 연결되 는 지속형 패턴은 단기간에 만들어 지는 경우가 많이 있습니다.

 분할매수와 물타기에 대해서 어떻게 다른지 설명해 주세요?

 분할매수는 상승추세시 매수를 하는데 반하여 물타기 는 하락추세시 매수를 하는 것을 말하구요,분할매수는 예탁금 범위 내에서 매수진입 하는데 반하여 물타기는 예탁 금을 모두 소진한 후 자금을 추가 투입하는 것을 말합니다.

또 분할매수는 계획적인 단계별매수,보수적 매수로 손절의 리스크가 적은 반면에 물타기는 무계획의 매수 무리한 신규 자금 투자로 추가 하락시 큰 손실로 지옥을 느끼게 됩니다.

금리와 해외선물 주가의 흐름에 대해서 좀 알려주세요?

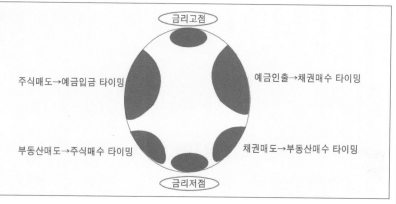

위 그림에서 보시다시피 금리가 고점일 때는 예금의 수익률이 좋구요 금리 저점구간에서는 해외선물, 주식이 매력적인 상품이 됩니다. 그래서 주식, 채권, 부동산을 투자 할 때는 투자자들이 금리정책을 잘 살펴보면서 투자 계획을 세운다면 성공투자의 길이 보일 것입니다.

앙드레 코스톨라니의 달걀모델을 참고 하시면 한눈에 금리, 주식, 채권, 부동산의 투자 시점을 파악할 수가 있겠습니다.

 인플레이션과 디플레이션은 어떻게 다른가요?

 인플레이션은 화폐 가치가 떨어지기 때문에 물가가 지속적으로 오르는 현상을 말하구요.

디스플레이션은 긴축정책 시행으로 물가가 안정적으로 상승하는 현상을 말합니다.

강현수어록

흔들리지 않고 나아가는 배는 없다.

디플레이션은 실물자산 가치 하락으로 물가가 지속적으로 떨어지는 현상을 말하구요.

스태그플레이션은 비용 상승의 현실화로 인해 불황 속의 인플레션 현상이 일어나는 것을 말합니다.

 베타계수의 뜻을 좀 알려주세요?

 베타계수란 변동성 계수를 의미하는데 베타계수가 크다라는 말은 가격의 상승과 하락의 폭이 크다라는 의미입니다.

그렇기 때문에 베타계수가 큰 금융 상품에 투자할 경우 고수에게는 고부가가치를 올릴 수 있는 기회가 되는 반면에 하수에게는 큰 손실을 줄 수도 있겠습니다.

 우리나라 외환거래에 대해서 좀 알려주세요.

우리나라 외환시장은 오전 9시부터 오후 3시까지 열리구요. 이외의 거래로는 역외선물환시장 (NDF)이라는 장외 시장을 통해서 거래를 할 수 있습니다. 역외선물환 (차익결제 선물환)은 정해진 만기에 계약원금의 교환 없이 계약을 할 때 미리 정한 계약환율과 만기시의 차이가 나는 환율만큼 결제하는 것을 말합니다. NDF는 뉴욕, 런던, 싱가포르, 홍콩에서 거래가 이루어지고 있습니다.

CRB지수가 무엇인가요?

 국제적인 상품가격조사사인 CRB (Commodity Research Bureau)사가 만든 지수이며, 1956년에 발표를 시작하였고, 가장 오래된 상품지수입니다.

CRB 지수는 2005년에 확정된 비중에 근거해서 WTI, 천연가스, 금, 구리, 니켈, 설탕, 커피, 옥수수, 밀, 돼지고기 등 19개의 원자재 선물가격의 평균치를 구하여 상품지수로 나타낸 지표입니다.

1967년 100(기준점)으로 삼습니다. 원자재 가격의 매일 움직임을 파악할 수 있어 가격의 움직임을 파악하는데 유익한 자료가 되며, 국제상품가격을 체크하는 데에도 유용한 지표입니다.

이 지수가 상승하면 인플레이션이 예상되거나 그 상품의 수요가 증가한다고 해서 미국에서는 인플레 지수로 활용되기도 합니다.

 기본적 분석에서 볼 수 없는 내용을 차트에서만 볼 수 있는 내용이 있는지요?

 차트에서는 기본적 분석으로 볼 수 없는 많은 내용이 있는데요. 간단히 말씀드리면 상승과 하락에너지, 최고가, 최저가, 계약 거래수, 매집기간, 중요 매물구간, 파동의 흐름 등을 차트를 통해서 자세히 파악 할 수가 있습니다. 그래서 실전 매매시 차트를 해석해서 진입맥점을 정교하게 잡아

강현수어록

손절은 있어도 실패는 없다.

야 성공투자를 할 수 있습니다.

 환율조작 의심국으로 지정된 나라는 어떤 영향을 받는지요?

 환율이 급락 급등 요동을 치게 되며 원화가치는 상승
하게 되구요 수입물가는 하락합니다. 환율 변동성은
확대되고 수출은 타격을 입게 되구요 외국인 자금 이탈 가능
성이 가중되며 디플레이션 압력은 상승하게 됩니다.

 해외선물과 국내선물은 무엇이 다르며, 장점은 무엇이 있나요?

해외선물과 국내선물은 큰 틀에서 보면 거의 같습니
다.
해외선물은 해외상품을 매매하는 것이고 국내선물은 국내상
품을 매매하는 것입니다.
매매방법의 룰은 거의 같습니다.

해외선물의 장점으로는
❶ 전 세계의 금융인들이 거래하는 초대형 시장이기 때문
에 가격의 등락폭이 크고 매매 거래대금도 월등히 많습니다.
즉, 유동성이 풍부하다는 장점이 있습니다. 그렇기 때문에 하
루에도 수 백% 수익도 가능한 시장입니다.
❷ 국내선물은 특정 세력들의 의도대로 시세조정이 가능하
지만 해외선물은 규모 자체가 메이저급이라 특정 작전세력들

의 시나리오대로 움직이기 어렵습니다. 그래서 페어플레이가
가능한 시장입니다.

❸ 낮은 증거금 (2~5%)은 투자금이 적어도 누구나 쉽게 투
자를 할 수 있다는 장점이 있습니다.

 해외선물 실전매매를 할 때 성공확률이 높은 매매기법이 어
떤 것들이 있나요?

 해외선물의 특이한 움직임을 감안할 때 시간대별 매매
기법, 스파크 매매기법, 지지 저항 매매기법, 캔들 볼륨
매매기법, 과이격 매매기법, 돌파 매매기법 등이 해외선물 실
전매매를 할 때 주로 많이 쓰이는 매매기법이라고 말할 수 있
겠습니다.

 흔히 실전매매를 할 때 멘탈이 중요하다고 말들을 하는데 멘
탈에 대해서 팁을 주신다면 어떤 것이 있나요?

쉽게 그림으로 표현해 보겠습니다.

강현수어록

하수는 예측하고 고수는
대응한다.

매매의 세계에서 트릭은
기본이다.

그림에서 보시다시피 원칙과 내공을 더하고 예측과 물타기는 빼고 수익과 성공은 곱하고 두려움과 걱정은 나누어서 날려버리는 것이 실전매매에 있어서 가장 중요한 마인드라 말할 수 있겠습니다.

교수님은 방송을 통해 30년 투자 경험으로 다양한 실전투자 내공을 말씀해 주셨는데요 정말 저와 같은 개인 투자자들이 성공적인 투자를 하려면 어떻게 해야 하나요?

저는 약30년 전 포항제철(포스코로 사명이 변경됨)공모주 청약을 시작으로 젊은시절에 금융상품 투자를 하기 시작 했습니다.

약30년 동안 실전투자(주식,해외선물 등)와 책집필,VOD제작,신문 칼럼연재,방송출연,온 오프라인 강의,각 증권사 본사 출강,대학 강의 등 다양한 직 간접 투자경험을 종합해서 솔직히 말씀드리자면,저점매수 고점매도, 고점매수 더 고점매도, 기본적 분석이 답, 기술적 분석이 답, 기본+기술이 답 등 이 금융시장에는 여러 가지 다양한 이론이 있습니다.

모든 투자자들이 거의 다 알고 있는 이런 이론들은 맞을 수도 있고 틀릴 수도 있습니다.무슨 말씀이냐하면 각자의 내공과 환경,마인드에 따라서 어떤 방법이 더 자신에게 잘 맞는지의 문제이지 정답은 없다는 말입니다.

또 해외선물,주식 어떤 상품 투자가 더 좋으냐 하는 문제도 각자의 투자성향,내공,투자목적에 따라서 선택 하는 것이 올바른 방법일 것입니다.그러므로 어떤 방법 어떤 상품이 최고라는 말은 30년 내공으로 제가 단언코 말씀드리는건데 모두 옳지 못합니다.

단지 자신의 몸에 맞는 옷을 찾는 작업을 통해서 자신만의 실전투자 원칙과 규칙,전략과 전술을 만드는 것이 정답이다라고 감히 30년 내공으로 말씀드릴 수가 있습니다.

 해외선물을 움직이는 세계 메이저 그룹에 대해서 좀 알려 주세요?

 세계 10대 메이저를 말씀드리자면 도이치뱅크,버크레이캐피털,스위스의 금융기업,시티그룹,제이피모건체이스,홍콩 상하이은행그룹(HSBC),스코틀랜드왕립은행,크레딧스위스,골드만삭스,모건스텐리 등이 있습니다.

해외선물은 이 메이저의 의도대로 움직이는 장이다라고 이해를 하시면 되겠습니다.

주식은 상승장만 수익이 가능하지만 해외선물은 상승,하락장 모두 수익이 가능하기 때문에 매일 수익을 원하는 전업투자자에게 정말 매력이 있어보이는데요. 정말 매일 실전수익이 가능한지요?

매일 실전수익이 가능하구요. 필자가 제자들과 모의계좌가 아닌 실계좌로 3개월 이상 매일 매매한 아래 내역을 보면 수익곡선이 우 상향을 보여주는 것을 눈으로 확인 할 수가 있습니다.

강현수어록

부드러움이 강함을 이긴다.

259

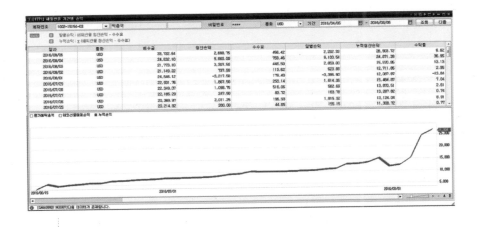

저는 해외선물에서 볼린저밴드를 활용해서 매매를 하는 방법을 연구하고 있는데요 볼린저밴드를 활용해서 청산하는 방법을 좀 알려주세요?

볼린저밴드를 활용해서 청산하는 방법은 볼린저밴드 상한선과 하한선의 꺽임 각도를 보고 판단하시면 되겠습니다. 즉 하락을 예측하는 시그널은 상단 볼린저밴드는 상승하고 있는데 하단 볼린저밴드가 우상향으로 턴하는 모습을 체크하시면 되구요 상승을 예측할 경우는 그 반대의 상황을 체크하시면 되겠습니다. 차트 ①~⑧까지 □를 참고해서 살펴보시면 알 수 있을 것입니다.

강현수어록

고수에게는 투자이지만 하수에게는 도박이다.

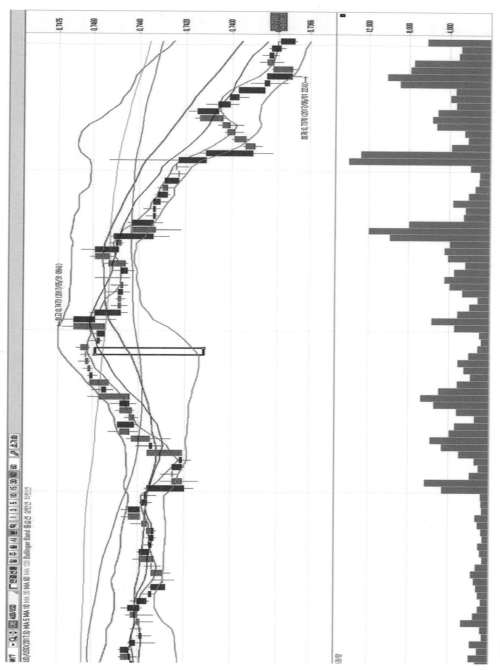

호주 달러 AUD/USD 60분 (차트①)

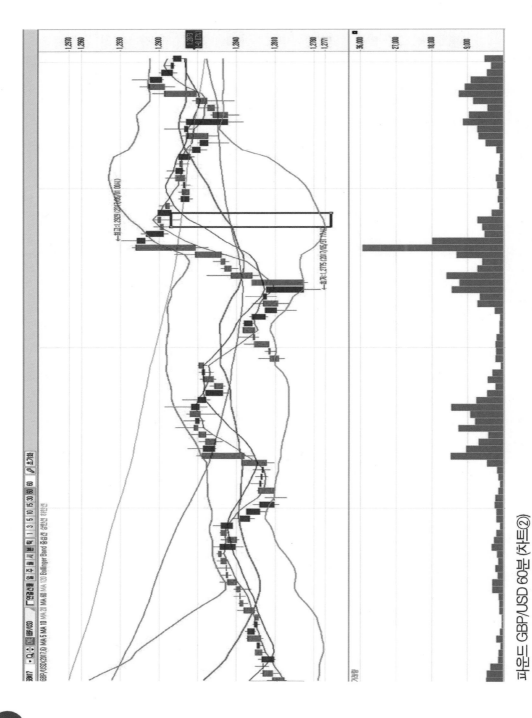

파운드 GBP/USD 60분 (차트②)

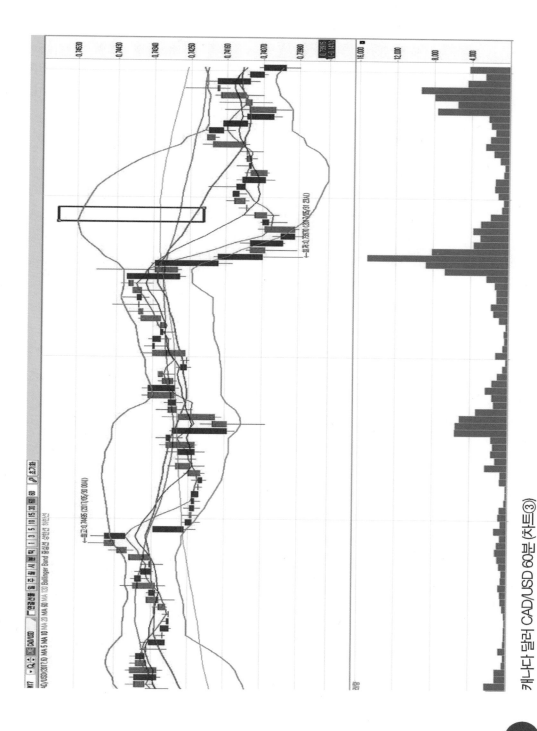

캐나다 달러 CAD/USD 60분 (차트③)

263

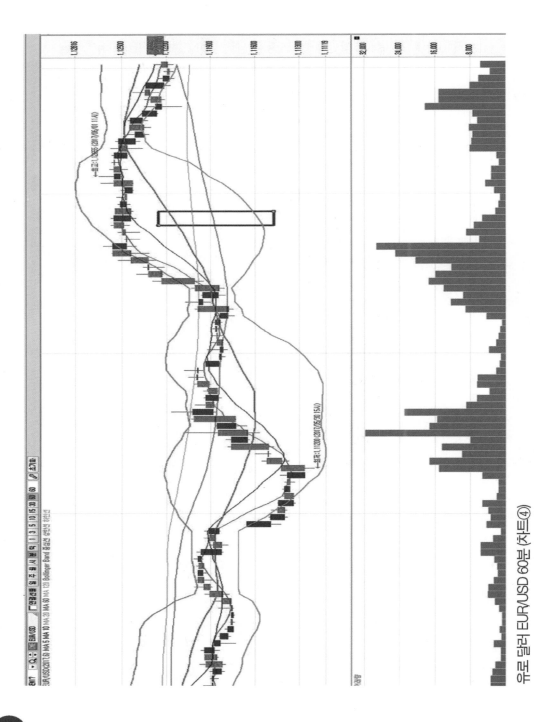

유로 달러 EUR/USD 60분 (차트④)

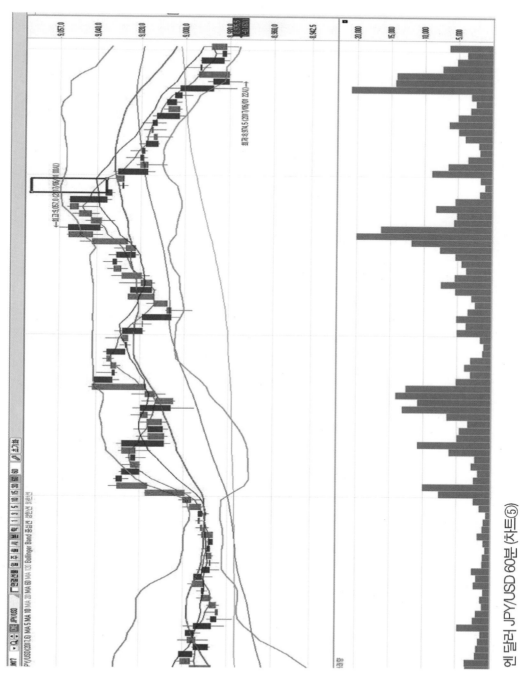

엔 달러 JPY/USD 60분 (차트 ⑤)

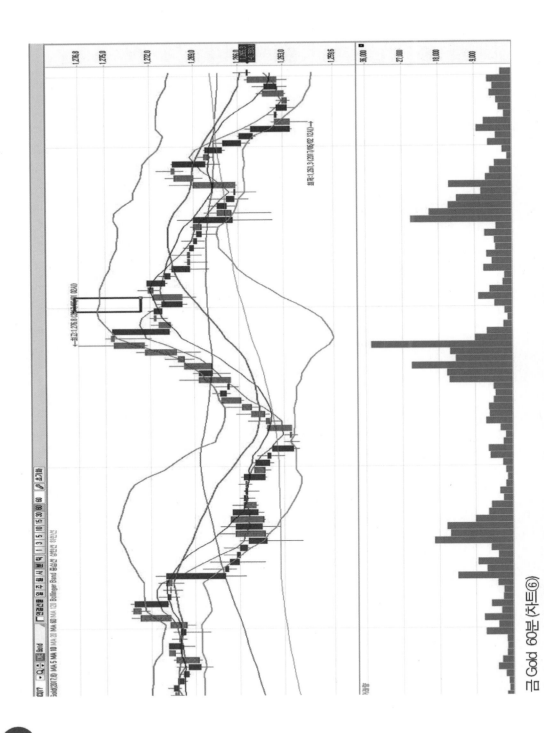

금 Gold 60분 (차트6)

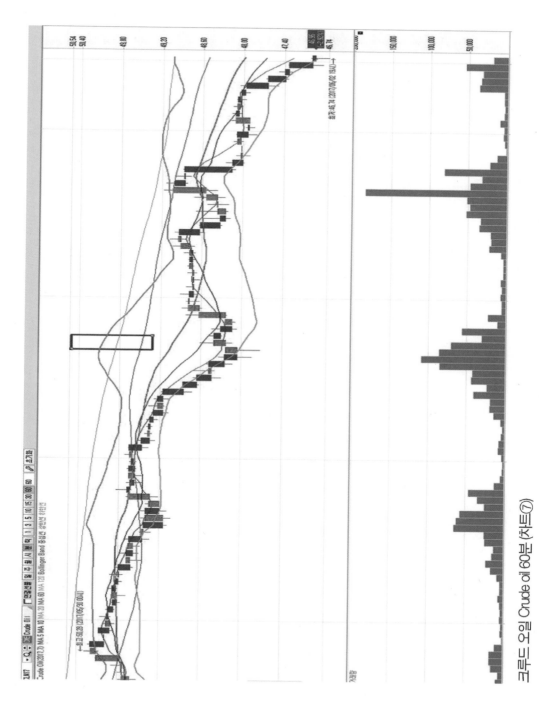

크루드 오일 Crude oil 60분 (차트⑦)

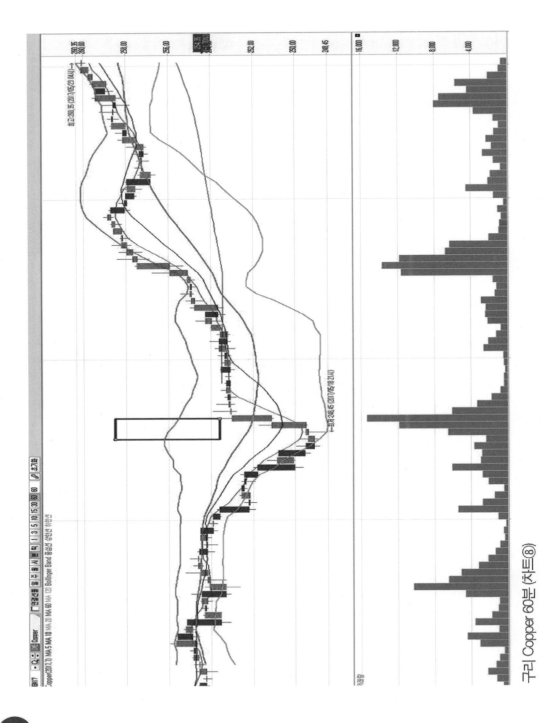

구리 Copper 60분 (차트 8)

각 종목의 과이격을 파악하기 위해서 해외선물에서 어떤 차트를 보면 도움이 될까요?

　　여러 종목의 과이격은 이동평균선과 캔들의 이격 정도를 체크해서 파악하시면 되구요 차트 ①~⑩까지 □ 부분을 검토해 보시면 되겠습니다.

강현수어록

진입은 조심조심
청산은 칼 같이

269

호주 달러 AUD/USD 60분 (차트①)

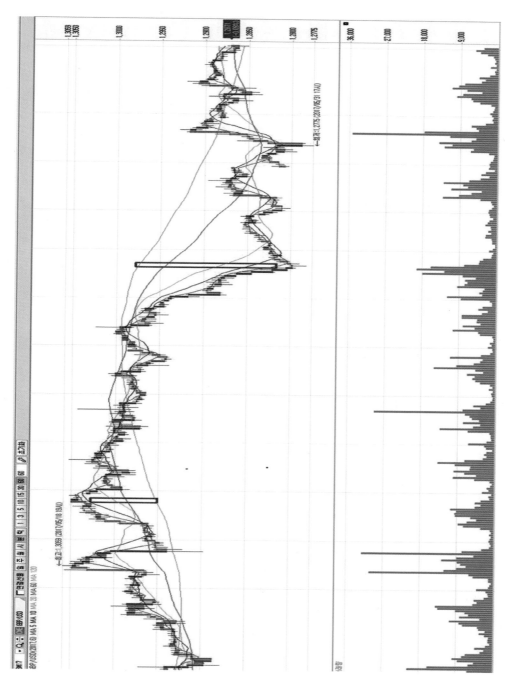

파운드 GBP/USD 60분 (차트②)

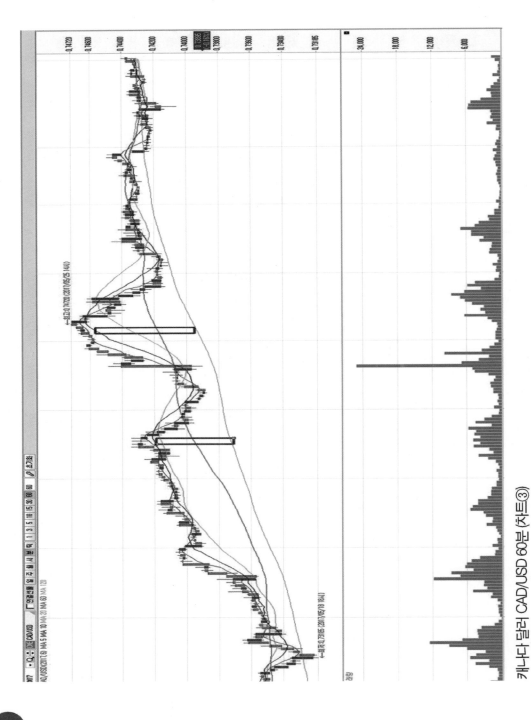

캐나다 달러 CAD/USD 60분 (차트③)

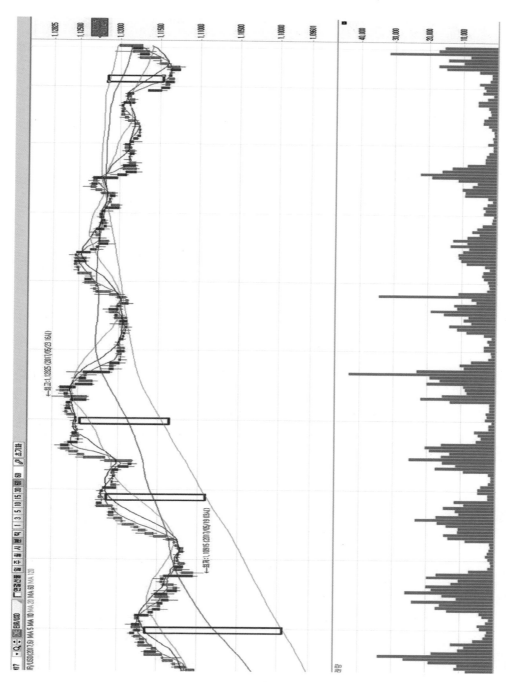

유로 달러 EUR/USD 60분 (차트④)

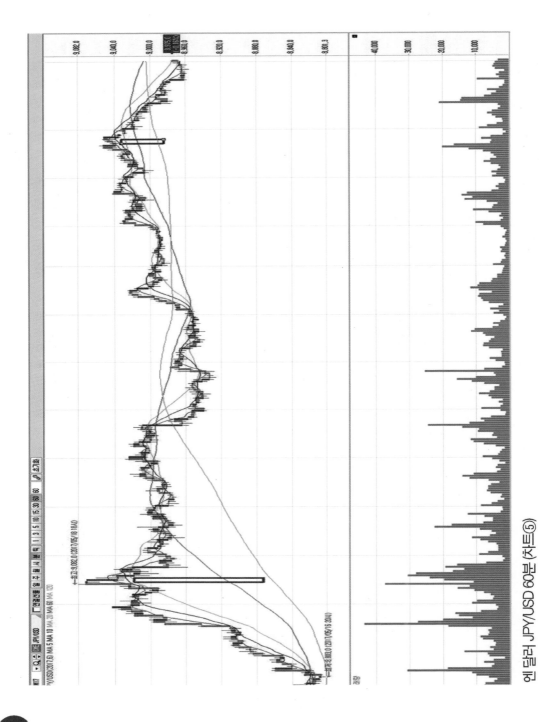

엔 달러 JPY/USD 60분 (차트⑤)

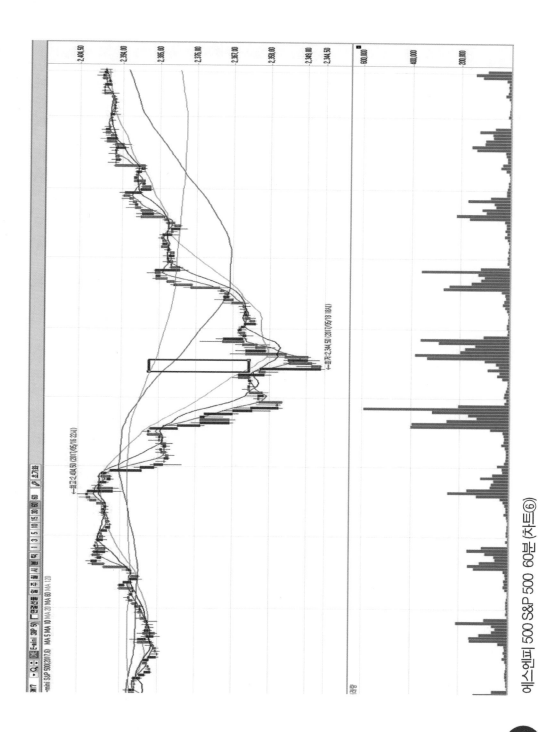

에스엔피 500 S&P 500 60분 (차트⑥)

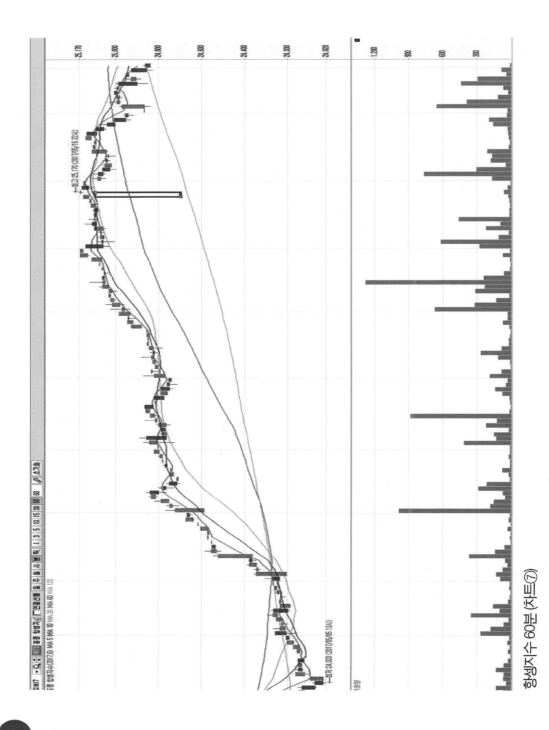

항셍지수 60분 (차트⑦)

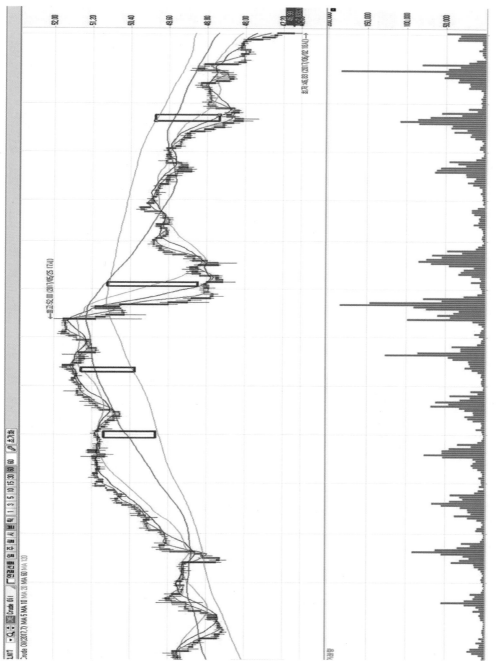

크루드 오일 Crude oil 60분 (차트⑧)

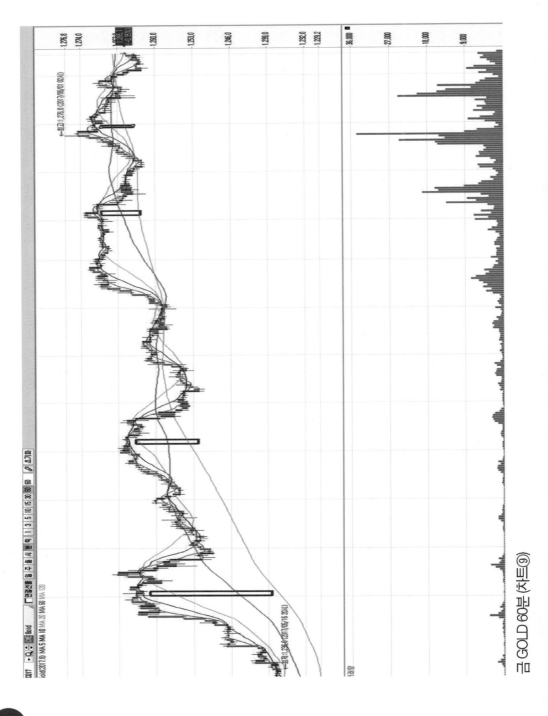

금 GOLD 60분 (차트 ⑨)

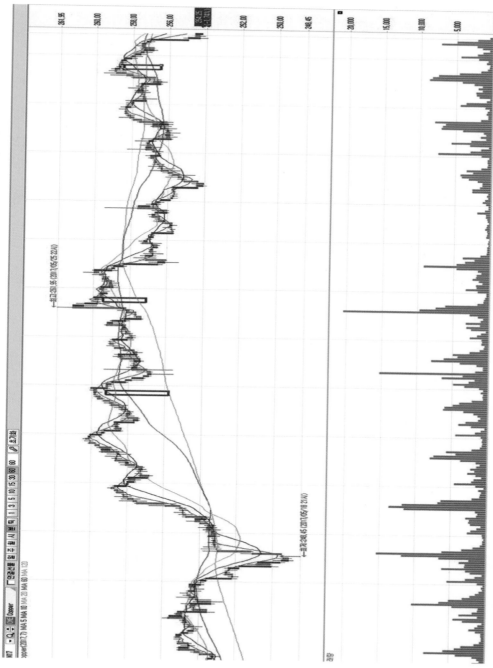

구리 Copper 60분 (차트⑩)

각 선진국들의 통화정책, 재정정책, 국지전, 원유재고, 자연재해 등으로 해외선물 시장이 크게 급등락하는 경우가 많은데 차트 ①~③까지 □부분을 검토해 보면 그 폭의 움직임을 가늠해 볼 수 있습니다.

크루드 오일은 약 400틱이 하락하였고 유로 달러는 약 160틱이 상승한 차트를 볼 수 있습니다.

강현수어록

실력을 키우기 위한 열정을 가져라.

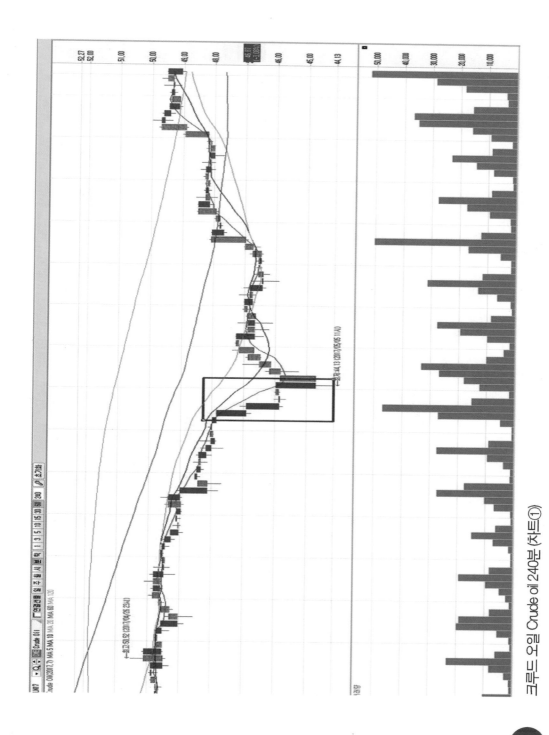

크루드 오일 Crude oil 240분 (차트①)

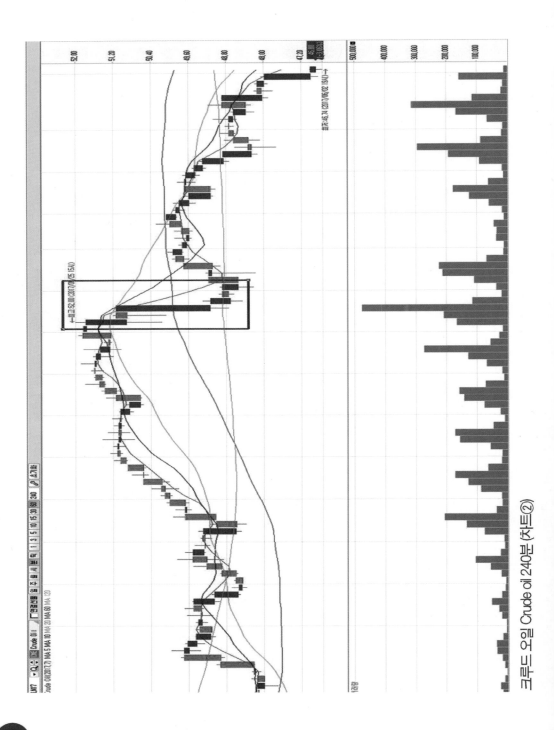

크루드 오일 Crude oil 240분 (차트②)

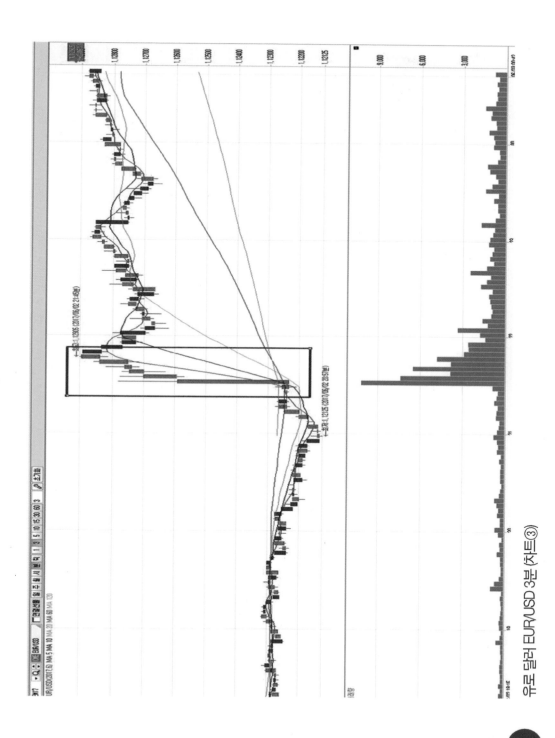

유로 달러 EUR/USD 3분 (차트③)

실전 Tip

종목분석

종목	시간	고가	저가	종가	거래계약	추세	만기일

손익결과 $ _____ 원

금일 거래내역 요약 _____

종목분석

종목	시간	고가	저가	종가	거래계약	추세	만기일

손익결과　　　　　　　　　　$ _____ 원

금일 거래내역 요약

종목분석

종목	시간	고가	저가	종가	거래계약	추세	만기일

손익결과 $ _____ 원

금일 거래내역 요약 _____

실전 Tip

종목분석

종목	시간	고가	저가	종가	거래계약	추세	만기일

손익결과　　　　　　　　　　$ _____ 원

금일 거래내역 요약

해외선물
실전투자

개정판 1판 제1쇄 인쇄   2020년 7월 15일
개정판 2판 제3쇄 발행   2023년 2월 17일

지은이	강현수
펴낸곳	뱅크북
등록번호	제2017-000055호
주소	서울시 금천구 시흥대로123다길
전화	(02)866-9410
팩스	(02)855-9411
이메일	san2315@naver.com
ISBN	979-11-961648-4-3 03320

부록

교보증권 해외선물 실계좌 실전 투자대회에서 필자가 「불패왕」에 등극을 하여 상패를 수상하였습니다.

이 대회에서 필자가 실전매매를 할 때 어떤 자리에서 진입하고 어떤 맥점에서 청산을 하였는지 그 매매 포인트를 일부 담았습니다. 실전 거래를 바탕으로 한 사례이므로 투자자들에게 많은 도움이 될 것으로 확신하며 본 부록에 담았습니다.

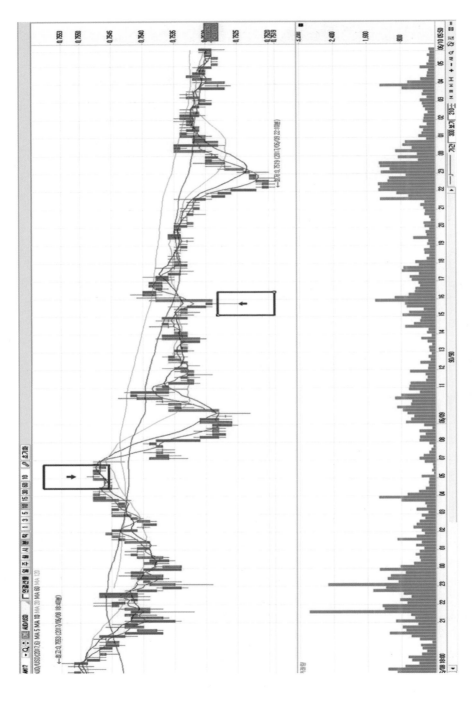

호주달러 AUD/USD 10분차트 ➡ 부분에서 매도진입, ⬅ 부분에서 청산 완료.

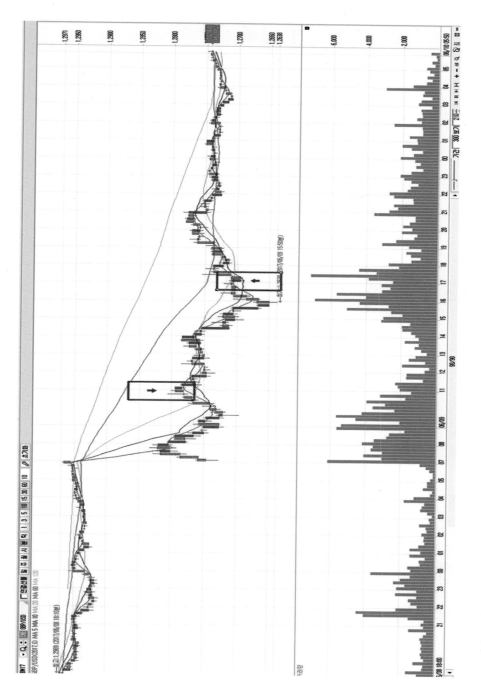

파운드 GBP/USD 10분차트 ➡️ 부분에서 매도진입, ⬅️ 부분에서 청산 완료.

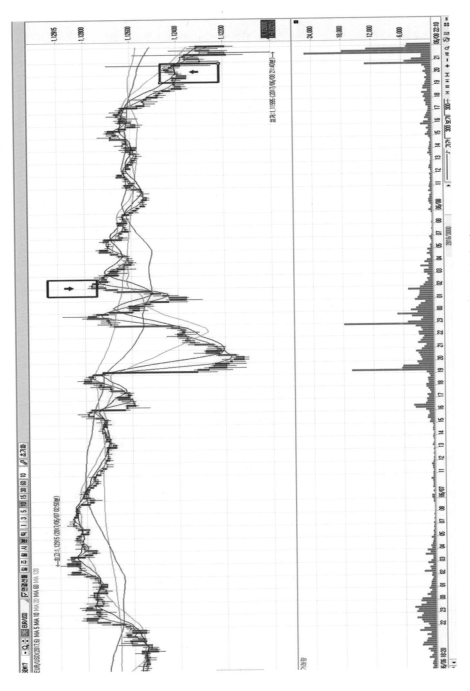

유로 달러 EUR/USD 10분차트 ➡ 부분에서 매도진입, ⬅ 부분에서 청산 완료.

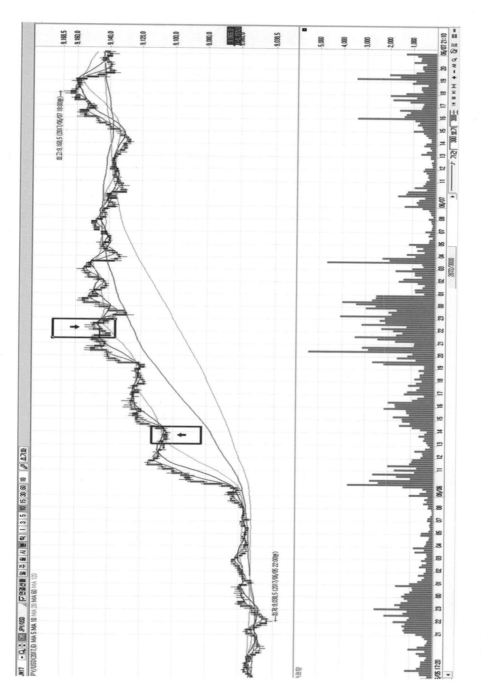

엔 달러 JPY/USD 10분차트 ➡ 부분에서 매도진입, ⬅ 부분에서 청산 완료.

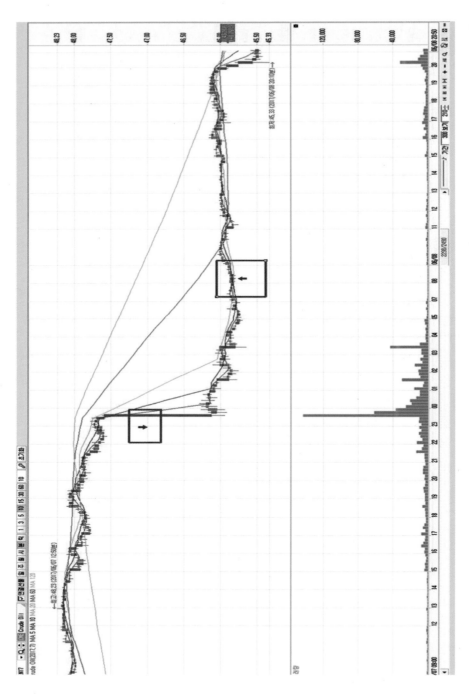

크루드 오일 Crude oil 10분차트 ➡️ 부분에서 매도진입, ⬅️ 부분에서 청산 완료.

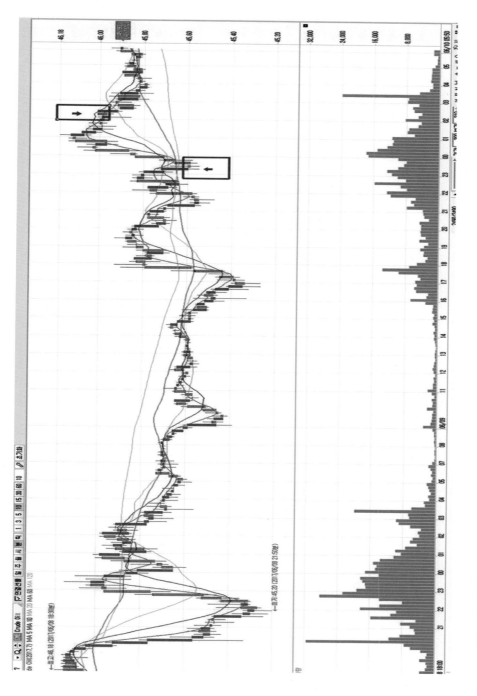

크루드 오일 Crude oil 10분차트 ➡️ 부분에서 매도진입, ⬅️➡️ 부분에서 청산 완료.

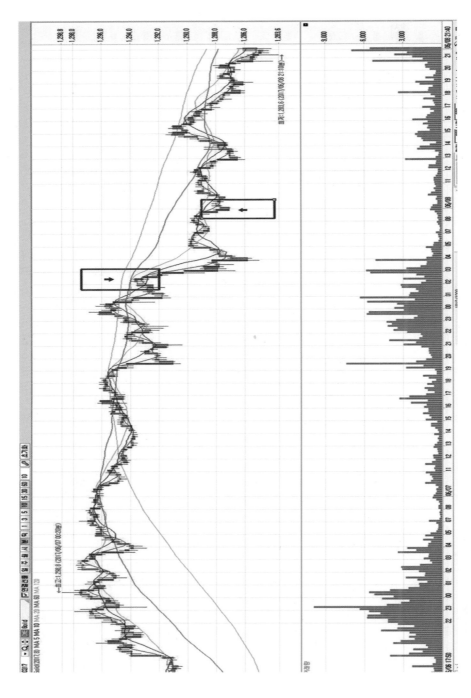

금 Gold 10분차트 ➡ 부분에서 매도진입, ⬅ 부분에서 청산 완료.

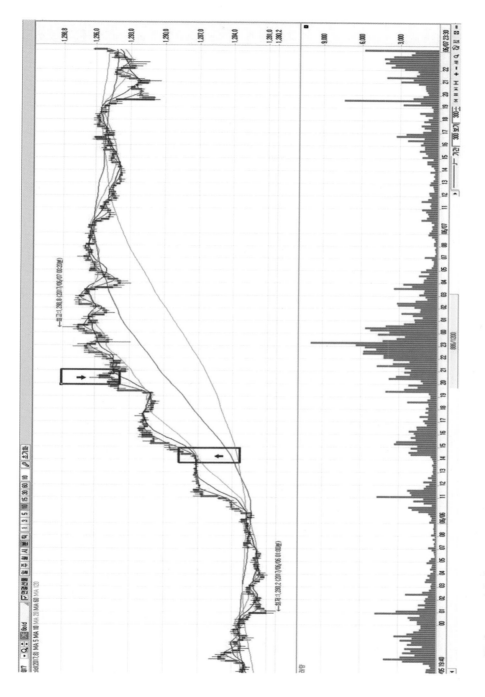

금 Gold 10분차트 ➡ 부분에서 매도진입, ⬅ 부분에서 청산 완료.

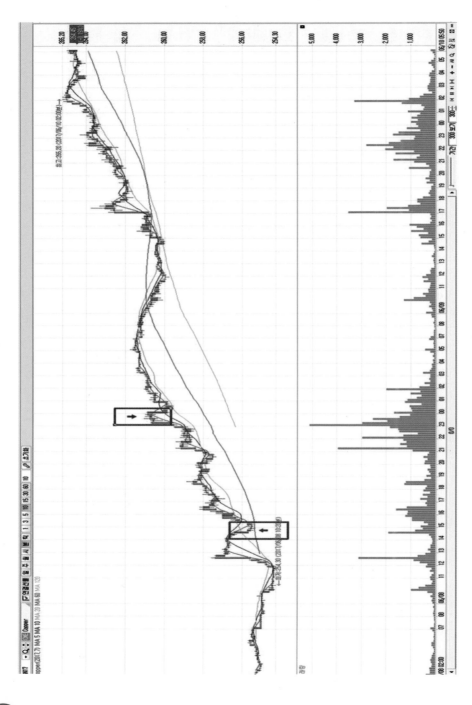

구리 Copper 10분차트 ➡️ 부분에서 매도진입, ⬅️ 부분에서 청산 완료.

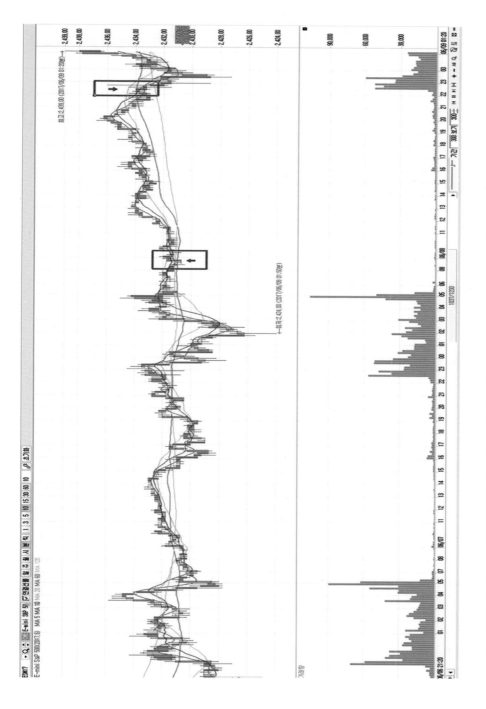

에스앤피 500 E-mini S&P 500 10분차트 ➡ 부분에서 매도진입, ⬅ 부분에서 청산 완료.